JN410417

김무룡 수필집

멍

멍

김무롱 수필집

1판 1쇄 인쇄/ 2013년 11월 25일
1판 1쇄 발행/ 2013년 11월 30일

지은이 / 김 무 롱
펴낸이 / 우 희 정
펴낸곳 / 도서출판 소소리

등록 / 제300-2007-21호
주소 110-521 서울 종로구 명륜동 1가 33-90
경주이씨 중앙회빌딩 302-1호
전화 / 765-5663, 766-5663(Fax)
e-mail: sosori39@hanmail.net
www.sosori.net

값 10,000 원

*잘못된 책은 바꿔드립니다.

ISBN 978-89-97294-48-0 03810

문화체육관광부
Ministry of Culture, Sports and Tourism

한국문화예술위원회
Arts Council Korea

*이 책은 문화체육관광부, 한국문화예술위원회 추진, 2013 복권기금을 지원 받아 발간되었습니다.

멍

김무룡 수필집

책을 내면서

글을 긁적이기 시작한 지 이십여 년 만에 운 좋게도 두 번째 수필집을 내게 되었다. 짧지 않은 기간임을 고려하면 지금쯤은 성숙한 글을 내놓는 것이 마땅하겠지만, 아직도 떫은맛이 가시질 않은 것 같아 적이 부끄러움이 앞선다.

흐르는 세월은 점점 가속도를 붙이는데 나의 글쓰기는 언제나처럼 제자리걸음만 하고 있어 조바심이 인다. 하지만 '치유의 수필' '명상의 수필'을 써 보리라던 애초의 마음에는 조금도 변함이 없다. 아니, 나이테가 하나둘 더할수록 그 집착은 오히려 더 강해지는 것 같다. 글 쓰는 것 말고는 달리 할 일도 없는 처지이고 보면 이제는 순순히 운명으로 받아들여야만 하지 않을까 싶다.

멕시코가 낳은 세계적인 여류화가 프리다 칼로, 그녀는 몸과 마음의 상처를 잔인하리만큼 사실적으로 화폭에 담아냈다. 보고 있기만 해도 그 아픔이 절절히 느껴진다. 하여 칼로의 그림 앞에 서면 누구든 자신의 힘들고 괴로운 현실의 고통은 그녀의 것에 비하면 극히 사소한 것에 지나지 않는다는 위안을 받게 된다.

일억 사천여 만 명이나 되는 지구촌 시청자들을 웃음과 감동으로 사로잡고 있는 토크쇼의 여왕 오프라 윈프리. 그녀는 '흑인이다' '사생아다' '미혼모다' '가난하다' '뚱뚱하다'는 세간의 비아냥거림에 대해 이렇게 말했다. "그래서? 그게 뭐 어쨌다고."

가시는 처음부터 가시가 아니었다. 그것은 기실 연한 잎이거나 줄기였다. 자신의 생명을 지켜내기 위한 스스로의 처절한 몸부림이 결국 가시로 승화된 것이 아닐까.

이제 열등감이 키운 내 몸속의 가시를 뽑아 땅속에 묻으며 영원한 이별을 고한다.

이 수필집이 세상에 나올 수 있도록 경제적 지원을 해 주신 한국문화예술위원회 '복권기금 문화나눔'과 졸작 한 편 한 편을 자상히 다듬어 주시고 서평까지 해주신 곽흥렬 교수님 그리고 기꺼이 출간을 맡아주신 도서출판 '소소리'의 우희정 사장님께 마음속 깊이 고마움을 전한다.

2013년 가을, 청도 파랑새다리 위에서

김무룡

· 차례

1. 사모곡

2. 갈림길

3. 인 연

4. 강화물

1.

사모곡

요즈음 청도 장날 때면 장터에 들러 돼지국밥 한 그릇을 시킨다. 그때마다 엄마 생각에 가슴이 저려 쉬 먹질 못한다. 그러나 '자식 입에 밥 들어가는 것만 봐도 배가 부르다'는 옛 어른들의 말씀을 핑계 삼아 밥투정이 버릇이 된 짧은 입에도 불구하고 기꺼이 한 그릇을 다 비우고 만다.

생각하는 갈대

생각에 관한 생각을 하고 있다. 생각은 인간만이 가지고 있는 의식작용이다. 사람에게서 의식을 빼고 나면 육체만 남는다. 육체는 껍데기에 불과하다. 곧 발에 차이는 돌과 같고 뻣뻣이 서 있는 나무와 진배없다. 해서 이런 인간의 속성을 일찌감치 간파한 데카르트는 '생각함으로써 나는 존재한다'고 말했고, 파스칼은 '인간은 생각하는 갈대'라고 선언했던 것이 아닐까.

'생각'은 철학자나 사상가들 사이에서만 관심거리였던 것은 아니었던 것 같다. 조각가 로댕의 '생각하는 사람' 상과 우리나라의 작가 미상의 반가사유상(半跏思惟像)이 있는 것을 보면 말이다.

두 조각상은 대조적이다. '생각하는 사람' 상은 생각으로 인해 무척 괴롭고 힘든 표정을 짓고 있다. 반면 반가사유상은 깊이를 알 수 없는 엷은 미소를 머금은 채, 편안하고 여유로운 표정으로 사유에 침잠해 있다. 마치 '생각'을 희롱하며 즐기는 듯한 모습이다.

한쪽은 생각에 생각을 자꾸 채우고만 있고, 다른 한쪽은 오히려 쌓이는 생각들을 조금씩 들어내고 있는 것 같은 느낌을 받게 한다. 어쩌면 이것이 동양과 서양의 정신적 지향에 따른 문화적 차이가 아닐까 하는 생각마저 들기도 한다.

'생각이 병이고 생각이 약이다'는 말이 있다. 모르긴 해도 전쟁터에 끌려가 희생된 자들보다 하잘것없는 생각 하나에 집착하다 죽음으로 끌려간 자들의 수효는 그 곱절은 되고도 남지 않을까 싶다. 어떤 시간적 여유가 많은 위인의 심도 있는 고찰에 의하면 '걱정거리의 95%는 실제 일어나지도 않을 일에 대한 것이며, 실제 일어날 확률은 5% 정도이다. 그런데 세계 인류의 정력과 부(副)의 80%는 이 5%의 것에 의해 소비된다'는 것이다.

서너 달 전, 이 생각 저 생각에 잠을 이루지 못하고 몸을 뒤척이던 날이었다. 어디선가 '똑, 똑' 하고 물 떨어지는 소리가 났다. 그리고 약간의 시차를 두고 '뽀글, 뽀글, 뽀그르' 기포 발생하는 소리가 들렸다. 한밤중이라 여간 짜증스런 일이 아니었지만 어쩔 수 없이 몸을 일으켜 소리를 쫓아 세면장으로 들어갔다. 변기 뒤편의 물통이 진원지 같았다. 뚜껑을 열고 촉각을 곤두세웠다. 과연 물을 고이도록 하는 바닥의 고무 바킹 부분이 문제였다. 지금 손보지 않으면 밤새도록 그 소리에 시달릴 것만 같은 초조감에 즉시 팔을 걷어붙이고 작업에 돌입했다. 먼저 고무 바킹을 분리해냈다. 고정하는 양편에 세 개씩의 구멍이 나 있었다. 현재의 중간 위치보다 앞쪽의 구멍에 맞춰 끼우고 다시 물을 가득 채운 후 한참을 기다렸다. 조용했다. 이제 끝났다는 가벼운 마음으로 뚜껑을 막 덮으려는 순간 또 '똑, 똑' '뽀글, 뽀글, 뽀그르' 하는 소리가 들렸다. 갑자기 울화가 치밀어 오르기 시작했다. 하지만 끝까지 냉정함을 잃지 않으려 애쓰며 다시 물을 다 빼내고 고무 바킹을 들어내어 마지막 남은 맨 끝 구멍에 맞추었다. 그러고는 이전의 행위를 반복하며 인내로 결과를 기다렸다. 새벽 두시가 넘고 있는 시각이었다. 다행히 조용했다. 얼른 뚜껑을 덮고 끝내려는 순간, 아! 예의 그 소리가 또 들려오는 것이 아닌가. 완전히 미쳐나갈 것만 같은 심정이었다. 급기야 변기의 앉는 부분을 뒤로 젖히고 물이 쏟아져 내리는 부분들에 문제가 있는가를 살피기 위해 변기 속에 머리를 들이밀고는 거꾸로 한 채 살피기 시작했다. 그러다 생각하니 지금 이 꼴이야말로 돌기 직전의 행동 같게만 여겨져 갑자기 두려움이 앞선다. 해서 모든 걸 중단하고 잠자리에 들어 결국 그 신경 쓰이는 미미한 소리와 함께 날밤을 새우고야 말았다. 아침이 밝자마자 득달같이 철물점으로 달려갔다. 새 고무 바킹을 천 원 주고 사다 끼워보았다. 성공이었다. 뭔가 억울한 것 같은 느낌이 들긴 했지만 "만세! 기어이 내가 해내고야 말았어."를 외쳤다. 그러자 한 번도 깨지 않고 잘만 자던 아내가 "와우! 당신 진짜 짱이네. 그렇게 어려운 일도 다 해내는 걸 보면." 하며 화답을 했다. 약간 얄밉긴 했지만, 나의 노고를 인정해 주는 그 말에 고무되어 더 이상 토는 달지 않았다.

돌이켜 생각하니 그렇게 밤새도록 물이 똑똑 떨어져봐야 세숫물 한 대야도 안 될 것을 가지고 안달복달한 나 자신이 참으로 한심하게만 느껴졌다. 그러면서 우매한 그런 행위는 '쓸데없는 걱정'을 유발한 '생각'이 유죄라는 결론에 도달했다. 만약 내가 생각이 부족한 돼지나 고양이였다면 그렇게까지 조바심을 내지 않고 밤새 푹 잘도 잤을 테니 말이다.

사람이 설사 큰일을 이루지 못했다 할지라도 쓸데없는 걱정이나 부질없는 생각으로 자신을 괴롭히지 않는 한, 그것만으로도 그 사람은 위대하다고 해야 하지 않을까 싶다.

모든 속박 중에서 가장 강한 것이 마음의 속박이라 했다. 마음 하나 내기에 따라 세상은 완전 딴판이 된다.

마음이 몹시 힘든 한 자객이 깊은 산사의 고매한 선승을 찾았다. 그가 "스님, 무엇이 극락이고 무엇이 지옥입니까?" 하고 물었다. 그러자 선승이 갑자기 "이 버러지만도 못한 놈! 너 같은 녀석이 그런 걸 알아서 무엇 해!" 하며 버럭 소리를 질렀다. 순간 부아가 치민 자객이 칼을 빼들고 선승의 목을 내리치려 했다. 그때 스님이 "잠깐만! 지금 그 마음이 바로 지옥이요." 하는 게 아닌가. 그제야 말뜻을 알아차린 자객이 무릎을 꿇고 "잘못했습니다. 스님, 용서해 주십시오." 했다. 그때 선승이 말한다. "지금 그 마음이 바로 극락이요."

무엇이든 움켜쥐고 있으면 그 움켜쥔 것에 스스로 속박 당하게 된다. 잡은 것이 아니라 도리어 잡힌 것이 되기 때문이다. 돈도, 명예도, 육체도….

불교에서는 빈 마음, 그것을 무심이라고 한다. 그 빈 마음이 곧 우리의 본마음이라고도 이른다. 텅 비우고 있어야 거기에 울림이 있다는 것이다. 그리고 그런 울림이 있는 삶이야말로 참다운 삶이라는 이야기다. 해서인지 사람들은 여간해서 이루기 어렵다는 '무심'에 한사코 목을 매는지도 모르겠다.

아! 그러나 인간의 숙명이 '생각하는 갈대'일진대….

삶의 향기

시나브로 봄이다. 겨우내 좁은 거실에서 함께 부대끼던 화분들을 들고 밖으로 나선다. 뭇 새들의 지저귐과 화초들의 개화로 수선한 뜰에는 은은한 꽃향기가 가득하다.

그중에 유독 마음을 홀리는 향이 있어 그것을 좇아 꽃송이마다 냄새를 맡아간다. 작약, 백합, 나리, 원추리, 패랭이… 그러나 그 향내의 꽃을 찾아내지 못했다. 하여 혹시나 싶은 마음에 마지막으로 모란꽃에 코를 갖다 대었다. 순간 흠칫 놀라고 말았다. 바로 향기의 장본인은 모란이었던 것이다. 그리 놀란 이유는 그때까지 모란은 향기가 없는 꽃으로만 알고 있었던 탓이다. 그 연유는 아주 오래전 누군가에게서 들은 고사(故事) 한 편 때문이었다.

옛적, 중국의 당나라 임금이 신라의 왕에게 모란이 그려진 그림을 보내왔다. 당시 신라에는 없었던 꽃이라 한다. 그것을 함께 구경하던 영특한 어린 공주가 한마디 했다.

"이 꽃은 아름답기는 하지만 향기가 없는 꽃임이 분명합니다. 나비와 벌이 없는 것을 보면."

그렇게 말할 수밖에 없었던 사연이 있었는지는 잘 모르겠지만, 어쨌든 공주의 그 한마디로 해서 여태 모란은 향기가 없는 꽃으로만 알려졌던 것이다.

사람들의 편견이, 잘못된 지식의 전달이 얼마나 큰 오류를 범하게 되는지를 새삼 깨닫게 된다. 화공이 그림을 그릴 때 그놈의 나비나 벌 중 한 마리라도 넣었더라면 모란이 그렇게까지는 푸대접을 받지 않았을 텐데 말이다.

어쩌면 이 세상은 사람들이 펼치는 편견의 장(場)인지도 모른다. '채송화'는 애초에 채송화가 아니었다. '할미꽃'도 처음부터 할미꽃은 아니었다. 언제부턴가 사람들이 그렇게 부르기 시작하면서 마치 그것이 본래의 제 이름인 양 되어 버렸을 뿐이다.

새의 지저귐을 듣고도 어떤 사람은 새가 '운다' 하고 어떤 사람은 '노래한다'라고 말한다. 이 또한 우리 인간의 큰 오해인지도 모를 일이다. 그들 상호 간의 의사소통의 한 수단인지 어찌 알겠는가 말이다. 노래한다거나 운다고 느낀 것은 오직 사람들 각자의 마음이었다.

우연히 리모컨을 돌리다가 불교TV에서 하는 '108대참회문'이란 의식을 보았다.

'…내 눈으로 본 것만 옳다고 생각한 어리석음을 참회하며 절합니다.'

'내 귀로 들은 것만 옳다고 생각한 어리석음을 참회하며 절합니다.'

'내 코로 맡은 냄새만 옳다고 생각한 어리석음을 참회하며 절합니다.'

사람들은 저마다의 색안경을 끼고 세상을 바라본다. 하여 제 눈에 비친 빛깔의 세상만이 진실한 것으로 파악하며 살아가는 듯하다. 그리하여 이기와 아집으로 점철된 제 쳇바퀴만을 오늘도 속절없이 돌리고 있는지도 모른다. 마치 '시시포스의 돌'을 굴리는 인간의 비애처럼.

실내에 있던 화초들을 양지바른 곳으로 내놓은 지 며칠이 지나지 않아서였다. 겨울 동안에도 싱싱하던 난(蘭) 잎이 반쯤 누렇게 말라 죽어가고 있었다. 각별한 배려를 무색케 하는 그 난이 야속해 뒤틀린 심사를 늘어놓고 있자니 아내의 까칠한 말참견이 따랐다.

"법정 스님의 '무소유'도 안 읽어보셨어요. 햇볕을 너무 많이 쏘여서 그러는 거예요."

하는 것이 아닌가. 그때야 아차 싶어 얼른 현관 앞 적당히 햇볕이 들고나는 곳으로 옮겼다. 그러면서 잠시 사색에 잠겼다.

스님은 난을 키우면서 거기에 엄청난 집착을 하는 자신을 발견한다. 그리고 무엇인가를 갖는다는 것은 다른 한편으로 그것에 얽매이게 된다는 사실을 감지했던 것이다. 그래서 놀러온 친구에게 난을 넘겨준다. 그러고 나서야 비로소 얽매임에서 벗어났으며, 그로 해서 무소유의 진리를 깨쳤다고 했다.

그런데 우매한 내 마음에 하나의 의문이 생겼다. 소유가 부담스러워 다른 사람에게 그 난을 주어버렸다면 그것을 무단히 받게 된 사람이 갖게 될 소유에 의한 집착은 어떻게 되느냐 하는 것이었다.

너무 따지면 여백의 미를 잃고 만다. 우연히 난을 갖게 된 그 사람이 소유의 집착으로 고통을 받게 될지, 아니면 원하던 난을 행운처럼 얻게 되어 큰 행복감에 젖게 될지 누가 알겠는가. 괜한 트집으로 왈가왈부하는 나 자신이 좀생이 같다는 생각이 들어 얼른 거기서 생각의 꼬리를 자르고 만다.

작은 봉오리를 맺은 가지를 꺾어 꽃병에 꽂아둔다. 며칠이 지나지 않아 그 꽃망울은 어김없이 활짝 꽃을 피우고야 만다. 몸통에서 잘려 나와 이미 죽은 목숨인데도 그들은 절망하는 법이 없다. 삶의 희망이 깡그리 사라졌는데도 그들은 결코 개화를 포기하지 않는다. 그리하여 생을 마치기 전 기어이 저만의 아름다운 꽃을 피워 무는 것이다. 그것이야말로 존재 이유인 양. 그 진지한 삶의 모습에 경외감이 인다.

꽃에 향기가 있듯이 사람에게도 향기가 있다고 한다. 꽃의 향기는 바람을 거스를 수 없지만, 사람의 향기는 미치지 않는 곳이 없다고 했다.

은은한 삶의 향기를 맡고 싶다.

사모곡

점심시간이었다. 담임선생님이 교실에 들어와서 나를 포함한 몇 명을 호명하고는 오늘이 공납금 납부 마감일이니 책가방은 그대로 두고 집에 가서 부모님에게 돈을 타오라고 했다.

집은 학교 근처에 있었지만 쉽사리 들어갈 엄두가 나질 않았다. 수심에 찬 얼굴로 안타까워할 엄마의 얼굴이 떠올랐기 때문이다. 어릴 적부터 놀이터였던 철둑 가의 공터에 앉아 그냥 막연한 생각을 하며 얼마간의 시간을 흘려보낸 뒤 집에 들어갔다.

"엄마, 오늘까지 등록금 납부하래."

"아, 이제 어디 가서 돈을 빌리나…."

무거운 한숨 소리와 함께 고개를 떨어뜨린 엄마는 힘없는 발

걸음으로 밖을 향했다. 홀로 남은 나는 가슴을 쳤다. 좀 더 나은 성적을 받아 장학생 대열에서 밀려나지만 않았어도 엄마를 저 고생시키지는 않았을 텐데 하는 자책이 들었기 때문이다.

아마도 중학교 2학년 때의 일이지 싶다. 먼 먼 날의 사연이라 그날 엄마가 돈을 구해왔는지 어쨌는지는 기억조차 희미하다. 그러나 집에 엄연히 졸업장이 있는 것을 보면 그 공납금을 분명히 냈던 것만은 사실이었을 것이다.

두어 달 전, 어느 TV채널에서 유명 연예인들이 벌이는 오락 프로그램을 본 적이 있다. 그중에는 '누가 먼저 눈물을 보이느냐?' 하는 게임이 있었다. 왠지 나도 따라 해보고 싶어 잠시 눈을 감고 생각해 보았다. 그러자 단박에 떠오른 것이 있었다. 그것은 '엄마'라는 단어였다. 엄마 생각을 떠올리는 순간 거짓말처럼 눈시울에 물기가 차기 시작했다. 새삼 깨달은 사실이지만 나의 아픈 감정, 슬픈 감정을 자극하는 첫 번째는 바로 엄마였던 것이다.

달포 전, 사월의 화창한 봄날 집 근처의 도서관에서 주최한 문학 기행을 따라갔었다. 일정의 마지막 코스인 경남 하동의 쌍계사 구경을 마치고 내려오는 중이었다. 주차장 부근에 이르렀을 때 한 아주머니가 커다란 용기에 담긴 반짝이는 작은 금속

물건을 팔고 있는 것이 보였다. 호기심에 다가가 무엇이냐고 물어보았다. 마늘 까는 반지라 했다. 순간 '엄마'라는 단어가 떠오르면서 마음이 아려왔다. 나는 두말 않고 적혀있는 가격대로 천 원을 지급하고 하나를 집어 들었다. 집에 돌아와 그것을 꺼내 손가락에 끼워보았다. 약간 조잡스럽다는 느낌도 들긴 했지만 어쨌거나 이것 하나면 마늘을 수없이 깔 수 있을 것 같았다. 동봉한 작은 쪽지의 사용설명서에는 이렇게 적혀 있었다.

♥ 아름다운 멋진 인생 ♥
손톱을 사용하지 않고 손톱 사이에 이물질을 감안하여 만든 것이 '박피기 반지'입니다. 먼저 엄지손가락에 박피기 반지를 끼워 마늘이나 생강, 밤을 간편, 신속하게 껍질을 벗길 수 있습니다.

내용과는 잘 어울리지 않는 '아름다운 멋진 인생'이라는 어설픈 제목이 왠지 목구멍에 가시처럼 걸려들었다. 엄마는 그러한 인생을 살다 가지 못했다는 생각이 들었기 때문이다. 문득 유품인 엄마의 일기장 맨 마지막 부분이 생각난다.

1984. 10. 6. 작년부터 마늘을 깠는데 올해는 혈압이 250까지 오르고 전신이 아파서 더 이상 할 수가 없다. 손이 저리고

눈도 잘 보이지 않는다.

그 옛날, 열여섯이란 어린 나이에 시집와서 쉰여섯이란 짧은 인생을 살다간 엄마는 시부모 병시중, 시동생, 시누이 뒷바라지와 연년생으로 둔 칠 남매 키우느라 갖은 고생을 다 하셨다. 초등학교 선생인 아버지가 이 지방 저 지방으로 전근을 다녔던 탓에 살림살이를 꾸려 나가는 것은 전적으로 엄마의 몫이었다. 생활비로는 턱없이 부족한 아버지의 수입을 보충하기 위해 엄마는 이런저런 장신구 구슬 꿰기, 옷감 바느질하기, 봉투 붙이기, 우산살 꿰기 등 어떤 궂은일도 마다하지 않았다.

돌아가시기 전에는 마늘 까기를 한 적도 있었다. 큰 다라 하나에 5~6kg이나 되는 마늘을 하루에도 대여섯 통씩 까주고는 결코 많지 않은 품삯을 받았다. 그 일을 지속하는 동안 엄마의 손톱은 성할 날이 없었다. 급기야 손에 마늘 독이 올라 마비가 될 지경에 이르고 말았던 것이다.

"아! 그때 단돈 천 원짜리인 이 마늘 까는 반지 하나만 구해드렸더라면…."

엄마는 생시에 어지럽다는 말을 종종 했었다. 그러면서 "비계 많은 돼지고기 몇 점만 먹으면 금방 나아질 텐데…." 하셨다. 그 기억이 어제 일 같다. 지금 와서 생각해 보니 잘 먹질 못해 생긴 빈혈증이 아니었나 싶다. 아마도 올망졸망한 연년생 일곱 자식의 배를 채워주느라 정작 본인은 굶기가 다반사였던 탓일 게다.

요즈음 청도 장날 때면 장터에 들러 돼지국밥 한 그릇을 시킨다. 그때마다 엄마 생각에 가슴이 저려 쉬 먹질 못한다. 그러나 '자식 입에 밥 들어가는 것만 봐도 배가 부르다'는 옛 어른들의 말씀을 핑계 삼아 밥투정이 버릇이 된 짧은 입에도 불구하고 기꺼이 한 그릇을 다 비우고 만다. 그러고 있으면 민병도 님의 「장국밥」이란 시조 한 수가 떠오른다.

울 오매 뼈가 다 녹은 청도 장날 난전에서
목이 타는 나무처럼 흙비 흠뻑 맞다가
설움을 붉게 우려낸 장국밥을 먹는다.

5원짜리 부추 몇 단 3원에도 팔지 못하고
윤 사월 뙤약볕에 부추보다 늘쳐져도
하교 길 기다렸다가 둘이서 함께 먹던… (하략)

오늘은 어버이날이다. 채 석 달도 안 되는 사이 앞서거니 뒤서거니 저세상으로 떠나신 지 어느새 삼십여 년의 세월이 흘렀다. 나는 괜스레 울적해진 마음에 집을 나서 배회한다. 그러다 달랑 카네이션 몇 송이 올려놓고 손님을 기다리는, 허리가 반이 꺾인 할머니의 초라한 좌판으로 다가간다. 눈 깜박할 사이 이순이란 세월을 삼켜버린 나지만, 오늘도 역시나 붉은 카네이션 두 송이를 집어 든다. 지금도 여전히 내 가슴속에 살아계시는 어머니 아버지 생각이 나서이다.

다시 길을 걷는다, 주머니 속에 있는 반지를 만지작거리면서.

반항하는 젊음

마음이 편하질 않았다. 호된 꾸중을 한 탓이다.

딸아이가 고등학교 입시에 여념이 없던 중학교 3학년 때였다. 어느 날 아내가 슬그머니 다가와 말을 붙였다.

"얘가 귀걸이를 하고 싶어 귓불에 구멍을 내려고 하는데…."

듣고 있자니 은근히 화가 났다. 근래 들어 매스컴을 통해 자주 접하게 되는 '피어싱'이 언뜻 머리를 스쳤기 때문이다.

"아니, 학생인 신분으로 귀에 구멍을 뚫어? 아예 콧구멍도 뚫고, 배꼽도 뚫고, 혓바닥도 뚫지 그래!" 하며 버럭 소리를 질렀다. 그러자 아내는 약간 기죽은 목소리로 말했다.

"다른 친구들은 두 개씩 구멍을 뚫었다는데 한 개라도…."

그 순간 뿔따구가 더욱 솟구쳤다.

“아니, 그게 부러우면 세 개나 네 개, 아니면 아예 여러 개의 구멍을 내고 각종 장신구를 주렁주렁 매달고 다니라고 해!” 하며 언성을 높였다. 그러자 놀란 아내가 급히 아이 방으로 뛰어가고, 제 방에서 이쪽 동향을 살피던 녀석이 불쑥 나타나 무릎을 꿇고는 “아버지, 용서해 주세요! 다시는 그러지 않을게요!” 한다.

하지만 나는 “여태 널 믿어 왔고 언제나 네가 자랑거리였는데, 오늘의 너를 보고 너무 큰 실망을 했어! 이제부터는 어떤 일이든 아비의 허락을 구할 필요는 없어, 네 마음대로 해!” 하며 화를 꺾지 않았다. 난생처음 아버지에게 그렇게 큰 야단을 맞은 녀석은 어찌할 바를 몰라 쩔쩔매면서 굵은 눈물만 뚝뚝 떨어트리고 있었다. 한참의 시간이 흐른 후, 아내가 조용히 문을 열고 들어왔다.

“인제 그만 용서해 주세요. 반성하고 있잖아요.”

그때는 이미 나의 마음도 많이 풀려 있었던 터라 “그래, 용서하마! 이 세상에는 자식의 잘못을 용서하지 못하는 부모는 없는 법이란다. 네가 무릎을 꿇는 순간 이미 아비의 용서는 다 받았다. 어서 가서 쉬어라.”

그러자 녀석은 용서를 받았다는 안도감에서인지 크게 한 번 훌쩍이더니 돌아갔다. 한 번도 큰 말썽을 피운 적이 없고 반항한 적도 없는 딸애였기에 마음이 몹시 무거웠다. 좀 더 부드러운 말로 타이를 수도 있었을 텐데, 하는 후회가 앞섰던 것이다.

문득 나의 학창 시절이 떠오른다. 스스로 '범생이'임을 자처하던 나이지만 일부러 모자를 옆으로 푹 눌러 쓰고, 교복 단추 한두 개 풀어놓은 채, 운동화는 빠개신고 있었다. 그러고도 뭐가 모자란 듯이 계속 삐딱한 자세를 취했다. 지금 생각하니 꼴불견에 실소가 절로 나온다.

그땐 왠지 그러고 싶었던 모양이다. 허락된 것보다는 오히려 금지된 일들을 저질러 보고 싶어 몸이 근질근질했던 것 같다. 그렇다고 해서 성인이 된 지금의 나는 '문제의 인간'이 되고 말았느냐 하면 그렇지도 않다. 그저 한 가정을 책임지고 살아가는 범부로서 무난한 사회생활을 영위하고 있을 뿐이다.

나의 학창시절이 그러했을진대 왜 굳이 딸애의 그러한 행위를 두고 무슨 큰일을 저지르고야 말 아이 취급하며 호들갑을 떨었을까 하는 생각이 들었다. 더구나 녀석은 사춘기에 접어든 여자아이 아닌가. 여성적인 심리나 취향이 다분히 작용하는 시기일 텐데 말이다.

이제 세월의 나이테가 많이 감기고 나니 십대들의 이유 없는 반항도 조금씩 이해가 되는 듯하다. 왠지 외롭다든가, 어디론가 훌쩍 떠나고 싶다든가, 아니면 평소와 똑같은 부모의 말씀에도 짜증이 나고 한 번쯤 반발해 보고 싶은 마음, 그리고 고리타분한 고전적, 전통적, 예의범절 같은 것들로부터 탈출하고 싶은 충동 같은 것들 말이다. 그러한 일탈의 심리도 자연적인 성장통이지 않을까 하는 생각마저 든다.

'0시 수업' '야간자율학습' 운운하며 꼭두새벽부터 자정이 넘는 시각까지 책상에 묶여있는 요즈음의 청소년들을 보면 대견스러움보다는 안쓰러운 마음이 앞선다. '공부벌레'이기를 강요당하는 학창시절을 그들이 슬기롭게 잘 헤쳐 나가길 간절한 마음으로 소망해 본다.

아이들은 어른을 보고 자란다. 그래서 이 세상에는 '문제아는 없다'는 말은 진실하다 하겠다. 다만 문제 부모, 문제 어른들이 있을 뿐이다.

'이유 없는 반항'이라는 말은 '이유 있는 반항'의 역설적인 표현일 것이다. 해서 나는 '반항하는 젊음'으로 고쳐 표현하고 싶은 충동을 느낀다.

'젊음'은 곧 '가능'의 다른 말이 아닐까. 위대한 꿈을 그리지 않고 위대해진 사람의 얘기를 들은 기억은 없다.

돌다리를 두드리고 건너는 것이 가장 확실한 방법이긴 하지만, 새로운 길에는 결코 돌다리가 놓여 있지 않다.

'배수진(背水陣 Burn your bridge behind you)'을 치고 진실로 바라는 목표를 향해 청춘을 건 도전을 지금 감행하라고 말하고 싶다. 요동치는 젊음의 피를 자기 창조와 개발의 에너지로 삼으라고 젊은이들에게 권유하고 싶은 것이다.

딸아이가 올곧게 자라서 어서 성인이 되었으면 좋겠다. 예쁜 귀고리 하나 선물해 주게.

멍 에

가끔 난처한 일을 당할 때가 있다. 사람들은 그러한 때에도 슬기롭게 대처해 나가는 듯하다. 그러나 나는 이순(耳順)에 가까운 지금까지도 그러한 때에 적절한 임기응변으로 잘 대응할 줄 모르는 딱한 위인으로 살아간다. 마음의 수양이 부족한 탓일 게다.

친구의 병문안을 다녀오는 길이었다. 이른 아침, 고속버스를 타고 좀 먼 길을 갔다 온 탓에 심한 시장기가 느껴졌다. 평소 입이 짧은 나는 구미를 당기는 음식이 없을까 하고 정류장 부근의 식당가를 두리번거리다 '흑돼지 국밥 전문'이라는 큰 간판을 발견했다.

반가운 마음에 냉큼 그 식당 문을 밀고 들어섰다. 그런데 안

주인인 듯한 여자가 빤히 쳐다보며 "와요? 와 카는데예? 장사도 안돼 죽겠는데…." 하는 것이 아닌가. 사뭇 신경질적이고 가시 돋친 말투였다. 난감했다. 식당에 손님이 들어오는 것은 식사하기 위함이 당연한 일일 텐데, 이 무슨 황당한 일인가 싶었다. 둔한 머리를 억지로 굴려 그녀가 보인 행태의 원인을 분석하려 애썼다.

아! 그 순간, 나는 절망에 가까운 참담한 심정이 되고 말았다. 그 여자는 나를, 장애를 빌미로 구걸하러 온 사람으로 착각하고 있다는 생각이 들었던 것이다.

뜻밖의 봉변에 자존심이 상한 나는 되돌아 나가고 싶었다. 그러나 그럴 처지도 못되었다. 이미 식당 안에 발을 들여 놓은 터였고, 식사 중이던 서너 명의 시선이 이쪽으로 쏠리고 있었기 때문이다. 하는 수 없이 무안을 당한 붉어진 얼굴로 "국밥 됩니까?" 하고 물을 수밖에 없었다. 그제야 그 여자는 활짝 얼굴을 펴면서 "난 또 누구시라고예. 어서 오이소. 이쪽으로 안주이소." 하며 반색을 했다.

음식을 받아들자 문득 아주 오래된 흑백영화 '자이언트'의 한 장면이 떠올랐다. 텍사스의 거부(巨富)로 통하는 주인공 '빅'이 운명적으로 얻게 된 어린 혼혈 손자와 더불어 온 가족이 함께한 식당에 들렀을 때였다. 그때 식당 주인은 백인 이외의 손님은 받을 수 없다며 단호히 거절한다. 가족들이 보는 앞에서 심한 굴욕을 당한 빅은 정정당당한 결투를 벌인다.

빅의 주먹이 때때로 통쾌하게 작열하기도 했지만, 시간이 흐를수록 무수한 주먹세례와 발길질을 당한 빅은 결국 바닥에 쭉 뻗고 만다. 의기양양해진 주인은 손의 먼지를 툭툭 털면서 식당에 걸려있던 팻말 하나를 떼어 축 늘어진 빅에게 던진다. 거기에는 '주인도 손님을 거절할 수 있는 권리가 있다'라고 적혀 있었다. 집으로 돌아온 가족들은 만신창이가 된 빅의 상처를 어루만지며 그날의 무용담으로 행복한 웃음꽃을 피운다. 그들은 그 결투에서 불의와 맞서는 한 가장(家長)의 진정한 용기를 보았기 때문이다.

먹고 있던 돼지국밥의 위력 때문인지, 떠오른 영화 장면 때문인지 은근히 용기가 솟아 곱지 않은 시선을 주인아줌마 쪽으로 보냈다. 그러다 이내 시선을 거두고는 먹는 일에 열중하는 시늉을 했다. 펄펄 끓는 물에서 갓 건져낸 돼지고기 덩어리를 씀벅씀벅 썰고 있는 그녀의 손이 마치 힘센 장사의 그것처럼 보였기 때문이다.

이런 난처한 경우에서 뿐이 아니다. 비슷한 일을 자주 경험한 탓인지, 아니면 순전히 열등감의 발로 때문인지는 모르겠다. 좋은 일이 생긴 행복한 상황에서도 나는 적절한 처신을 못하고 쩔쩔매는 경우도 종종 있다.

아주 오래전 서울에서 살 때의 일이다. 딸애가 다니는 유치원에서 '동화 구연 대회'가 있는 날이었다. 아내가 무슨 바쁜 일로 참석지 못한다기에 퇴근하자마자 서둘러 찾아갔다. 7월의 무더위에도 꼬맹이들과 학부형들로 꽉 찬 비좁은 교실에서는 연방 박수소리와 웃음소리가 터지고 있었다.

등이 굽어 키가 작은 나는 맨 뒤편의 빈 책상 위에 걸터앉아 목을 빼고서 앞사람들의 목과 어깨 사이로 겨우 무대를 볼 수 있었다. 어떤 녀석은 암기한 동화의 내용을 잊어 한참 뜸을 들여 지켜보는 이들을 안타깝게 하더니 끝내 '으앙~' 하고 울음을 터뜨려 폭소를 자아내기도 했다.

드디어 우리 집 녀석의 차례가 되었다. 집에서 연습할 때는 느끼지 못했는데, 막상 무대의 마이크 앞에 선 모습을 보니 뭔지 모를 '짠'한 감정이 일었다. 녀석은 기특하게도 당당한 모습에 또랑또랑한 목소리로 갖가지의 표정에 몸짓까지 해가며 암송

한 내용을 실수 없이 잘해냈다.

그럭저럭 모든 순서가 끝나고 시상식 때였다. 단상 위에 빛나던 트로피들을 우수, 최우수상에 호명되는 아이들이 거의 다 타가는데 녀석의 이름은 불리지 않았다. 아이의 실망한 모습을 생각하니 괜히 미안한 생각이 들어 슬그머니 교실 뒷문으로 빠져나가는데, "마지막으로 대상은…" 하는 마이크 소리가 들렸다. 그러고는 이내 "아빠! 아빠!" 하며 나를 찾는 녀석의 환희에 찬 목소리가 들려왔다.

그 순간 갈등이 일었다. 불편한 몸으로 해서 남 앞에 나서기가 싫어 사람들이 많이 모인 자리는 피하거나, 참석해도 뒤편 한 모퉁이서 서성이다 남몰래 사라지는 형편이었기 때문이다. 교실 문턱 안팎에 하나씩 걸친 발을 어느 쪽으로 놓아야 할지 난처했다. 하는 수 없이 무슨 잘못을 저지르다 들킨 사람처럼 달아 오른 얼굴에 괜스레 뒤통수를 긁적이며 아이의 손에 이끌려 무대 앞으로 나아갈 수밖에 없었다. 자랑스러운 딸아이의 아비로서 체통을 유지하려, 식은땀이 흐르는 얼굴에 애써 미소를 지으며 단상에 올랐다. 여기저기서 터지는 카메라 플래시를 받으며 아이와 함께 대상 트로피를 수상하고는 부리나케 집으로 달려왔다. 그리고는 축하 겸 긴장 해소를 위해 트로피에 맥주를 가득 따르고 '위하여!'를 한 번 크게 외친 후 단숨에 마셔버렸던 것이다.

현명한 사람의 손에선 독이 약으로 변하지만 어리석은 사람의 손에서는 약조차 독으로 변하고 만다. 독이 독으로 남는 것은 그것을 약으로 만드는 방법을 모르기 때문이다. 길을 가다 앞에 나타난 돌을 두고 어떤 이는 걸림돌이라 하고 어떤 이는 디딤돌이라 한다.

나에게 지워진 이 멍에가 어찌할 수 없는 '숙명'이라면 그 누르는 무게만큼 다리에 근력을 증가시키는 운동구로 삼아야 할 터이다. 그러나 그것이 인간의 의지로 변화시킬 수 있는 결과적 상황인 '운명'이라면 나 스스로의 힘으로 기어코 바꾸어 놓고 싶다.

세상구경 끝나는 날 삶의 여한을 얘기할 때, 나에게 주어진 멍에를 두고 결코 변명하고 싶지는 않은 것이다.

감자 꽃

별 바라기를 한다. 장마 통 사이, 모처럼 갠 하늘엔 선명한 추억처럼 별이 박혀 있다.

“한 사람이 태어나면 별 하나가 생겨나고, 한 사람이 죽으면 별 하나가 사라진다.”

사람들은 곧잘 이렇게 얘기한다. 하지만 나는 이 말을 곧이곧대로 믿지는 않는다. 이 지상에 내려왔던 영혼이, 맑은 생명이 귀천하는 순간 새로운 별로 탄생하는 것이라 애오라지 그렇게 믿고 살아온 터이다.

올 초, 서슬 퍼렇던 동장군이 스르르 무릎을 꿇을 즈음 호미 한 자루 들고 흙담에 연한 손바닥만 한 텃밭을 갈았다. 양팔을 뼘은 길이만큼의 짧은 고랑 예닐곱 개를 일구어 쑥갓과 상추씨를 뿌리고 고추와 오이 모종을 심고는 나머지 두어 줄을 비워 놓았다.

강남 갔던 제비들이 돌아온다는 삼월 삼짇날을 즈음해 오일장이 선 청도장터를 찾았다. 염치없는 일이었지만 작은 텃밭 한두 고랑에 심을 양이니 씨감자 여남은 개만 팔라고 통사정해서 겨우 구했다.

싹이 난 부분을 중심으로 서너 조각내어 심으라는 친절한 요령을 들은 터이지만, 좁은 공간에 그럴 필요가 없어서 그냥 반으로 잘랐다. 그때 아연실색하고 말았다. 자른 씨감자 속을 보니 반쯤 움푹 팬 채 시커멓게 썩어 있지 않은가. 너무도 황당해 얼른 나머지 것들을 다 갈라보았다. 모두가 하나같이 닮은꼴이었다.

"아니 이런 허섭스레기 같은 것들을 씨감자라고 팔아! 몹쓸 사람 같으니라고."

갖은 짜증을 부리며 내다 버리기에 앞서 확인 차 아내를 불렀다. 헌데 아내의 반응은 의외였다.

"씨감자 속을 보는 건 나도 처음이지만 원래 씨감자는 대개 이런 게 아닐까요." 하는 것이 아닌가. 그때 "아차, 그럴 수도 있겠구나." 하는 생각이 퍼뜩 들었다.

씨감자란 것 자체가 겨우내 얼지 않게 보관해 두었던 해묵은 것들이지 않던가. 그러니 더 늦기 전에 땅속에 묻혀 썩어야만 많은 결실을 볼 수 있는 운명의 존재들일 터이다. 잠시 동안의 속 좁은 마음의 표출에 대해 속죄하듯 그것들을 정성스레 묻어 주었다.

아주 먼 옛적, 초등학교 시절 여름방학을 맞아 상주의 어느 시골에 있는 외가를 찾은 적이 있었다. 낮에는 들로 산으로 나비, 잠자리, 매미를 쫓아다녔고 땀이 차면 개울에 들어가 물장구치다 보면 어느새 땅거미가 짙게 깔려 있곤 했다.

저녁답이면 마당가에 모락모락 모깃불 피워 놓고 평상과 멍석 위에 모여 찐 깻잎, 호박잎에 자글자글 끓인 된장국물 올려 쌈 싸먹던 맛은 아직도 잊지 못한다. 그러나 나의 최대의 관심사는 후식으로 나오는 삶은 감자였다. 대식구이다 보니 갓 쪄낸 뜨거운 감자 한 개를 집어 후후 불며 껍질을 벗기다 보면 금세 대소쿠리는 동이 나 있어 아쉬움에 입맛만 쩝쩝 다시기 일쑤였다.

그러던 어느 날이었다. 외할머니가 사람들이 뜸한 틈을 타서 방으로 부르시더니 감춰 놓았던 당신 몫의 감자를 몇 알 내놓으시며 아무도 안 볼 때 얼른 먹으라고 하셨다. 그때 외할머니가 진실로 엄마만큼이나 나를 위해 주신다는 사실을 깨달았다. 아무래도 척추의 장애로 인해 늘 생의 경쟁에서 뒤처질 수밖에 없는 병약한 외손자가 마음에 걸렸던 것이 아닐까 싶다.

여하튼 그 후로 나는 감자라면 자다가도 벌떡 일어나는, 별명 그대로 '감자귀신'이 되고 말았다. 하여 중·고등학교 다닐 때도 수시로 몸이 아파 음식을 못 먹을 지경이 되면 엄마는 으레 도시락 대신 삶은 감자봉지를 들려주곤 하였다.

외가에 조금씩 적응이 될 즈음, 안채 처마 밑에 긴 나무상자가 하나 걸려있는 것이 눈에 띄었다. 사촌형에게 그것의 용도를 물으니 '할머니가 돌아가시는 날 쓸 관'이라 일러 주었다. 그러면서 외삼촌이 일 년에 한 번은 내려서 옻칠을 하며 손질을 해둔다고 했다. 섬뜩한 느낌이 들었다. 아직 할머니가 저렇게 멀쩡히 살아 계시는데 벌써 관을 준비해 놓았다는 사실이 몹시 언짢았기 때문이다. 게다가 날이면 날마다 그것을 보아야 하는 할머니는 얼마나 속이 상하실까 싶었던 것이다.

어느 날은 대문 바깥이 소란스러워 뛰쳐나가 보니 여러 대의 깃발을 높이 치켜든 화려한 꽃마차 행렬이 보였다. 앞장선 사람이 요령을 흔들며 가슴을 쥐어짜는 듯한 구슬픈 소리를 내자 가마를 둘러멘 이들이 일제히 "에헤 에헤에에…." 후렴을 붙인다.

삼베옷에 두건을 쓰거나 머리띠를 동여맨 사람들은 "아이고, 아이고" 건울음 소리를 내며 뒤따른다.

몇몇 노인들과 함께 눈시울을 붉히며 지켜보는 할머니에게 다가가 무슨 일이냐고 물었다. 할머니는 이웃에 살던 노인이 돌아가셔서 그 주검을 산에 묻으러 가는 중이라며 "네가 볼 만한 거리는 아니니 집 안에 들어가서 놀아라." 하셨다.

왠지 무섭다는 생각이 들어 얼른 안으로 들어와 대문 뒤에 숨어 지켜보며 장례 행렬이 후딱 지나가길 기다렸다. 또래들과 방학 숙제인 곤충채집 하러 들에 나가기로 약속이 되어 있었기 때문이다. 하지만 그 행렬은 늙은 거북이걸음보다 더 더뎠다.

이제야, 흰 서리를 머리에 얹고 인생의 반환점을 돌아 한참을 걷다 보니 그 꽃상여가 느리기만 하던 이유를 조금은 알 듯도 싶다. '인간은 자신이 죽는다는 사실을 아는 유일한 동물'이라는 누군가의 경구가 피부로 느껴지듯이 말이다.

보름가량의 외가 나들이를 마치고 돌아오는 날 외할머니가 꼭 엄마에게 전해야 한다며 작은 보따리 하나를 내밀었다. 그리고 약속이행을 전제로 허리춤에 달린 속주머니에서 쌈짓돈을 톡톡 털어 내 손에 쥐어 주셨다.

집에 도착하자마자 먼저 그 보따리부터 엄마한테 건네고는 조금 낯설어진 이 방 저 방을 둘러본 후 작은 방에 엎드려 밀린 방학일기를 쓰고 있었다. 그때 안방 쪽에서 엄마의 울음소리가 어렴풋이 들렸다. 놀란 가슴을 억누르며 급히 달려가 방문을 열었다. 바닥에는 잘 말린 갈색 옥수수수염이 한가득 널려 있었고 곁에는 거기서 나온 꼬깃꼬깃 뭉쳐져 있던 주름투성이의 지폐 몇 장이 놓여 있었다.

철부지 열여섯 살 어린 딸을 시집보내 놓고 하루도 마음 편한 날 없이 지내던 할머니는 중년에 접어든 그 딸이 신장염으로 고생한다는 뜻밖의 기별에 속이 시커먼 씨감자처럼 애간장을 태우셨던가 보다. 그럴 땐 옥수수수염이 특효약이라는 입소문을 듣고 벌써부터 준비해 두었던 것을 이참에 보내 주셨던 것이다. 딸자식을 사랑하는 마음만큼이나 꽁꽁 숨겨둔 종이돈과 함께.

시나브로 감자 꽃이 피었다. 난생처음 보는 감자 꽃이다. 하얀 바탕에 옅은 보랏빛이 감도는 단아한 다섯 장의 꽃잎은 별 모양을 하고 있다. 그 앞에 쪼그리고 앉아 긴 눈맞춤을 하는 사이, 초점 흐려진 눈동자엔 저 하늘의 별이 된 외할머니의 고운 모습이 오버랩 되어 흐르고 있었다.

길

한갓진 휴일이다. 눈을 떠보니 10시가 조금 지나 있다.

갈 데도 없고, 오라는 이도 없다. 모처럼 시간의 여백 속에 놓인 한가로운 사람이 된다. 아내는 삶은 감자와 토마토 여남은 개를 머리맡에 밀어놓고 등산 채비를 하고는 집 근처 무학산으로 향한다.

감자와 토마토는 입이 짧은 내가 즐겨 먹는 유일한 기호식품이다. 아내의 각별한 마음이 느껴진다. 비스듬히 누워 감자 하나 집어 입에 물고 TV리모컨을 집어 든다. 어느 채널인지 아주 오래된 흑백영화 「길(La Strada)」이 방영되고 있다.

우직한 잠파노가 온몸에 쇠사슬을 칭칭 감고는 늠름하게 서

있고, 옆에는 백치의 천사 같은 젤소미나가 작은북을 연신 빠르게 두드리며 긴장을 고조시킨다. 얍! 기합소리와 함께 잠파노는 우람한 가슴의 근육으로 단숨에 쇠사슬을 끊어버린다. 박수 치는 관중 앞에서 젤소미나는 북을 치며 춤을 춘다.

이 세상은 저마다의 삶을 펼쳐 보이는 인생극장이다. 사람이 살아가는 인생길은 열이면 열, 백이면 백 모두 다 다르다. 60억 인구라 치면 60억 편의 인생드라마가 상영되고 있는 것이다. 앞서 살다간 선인들과 뒤따라올 후세들까지 생각하면, 아마도 바닷가 모래알만큼이나 많은 인생드라마가 연출되고 있는 셈이다. 각각의 인생드라마는 스스로 주인공이 되어 인생의 가시밭길을 헤쳐 나간다는 줄거리로 엮어진다.

내 어린 날의 인생길 한 단면이 흐린 눈동자에 비쳐 온다.

뙤약볕이 내리쬐는 오뉴월, 바람 한 점 없는 따가운 시골 논둑길에 엄마랑 나랑 함께 앉아 있다. 용한 침구사가 있다는 얘기를 듣고 대구 시내에 있는 집에서 멀리 떨어진 화원이란 시골까지 찾아가 침을 몇 대 맞고 돌아오는 길이었다.

나는 네댓 살쯤 허리에 이상이 생긴 후, 근 열 살이 다 되도록 걷지를 못했다. 몇 발짝 떨어져 앉아서 땀을 식히던 엄마가

"용아, 엄마한테 걸어와 봐! 일어나 걸어와 봐! 어서 집에 가야지!" 했다. 어린 마음에도 슬픔이 와락 몰려왔다. "엄마 미안해요! 정말 미안해요!" 하며 나는 나의 무능이 서러워 울었다. 그러자 엄마는 얼른 눈물을 감추며 "아니다, 내가 잘못했다. 네가 무슨 죄가 있나, 다 내 죄지!" 하셨다. 한여름에 엄마 등에 요대기를 두르고 업힌 나는 너무도 미안했다. 엄마는 말했다

"침구사도, 점쟁이도, 의사도 모두 네가 앞으로 영영 걸을 수 없을지도 모른다고 하지만, 그 말을 그대로 믿을 것은 못된다. 너는 반드시 걸을 수 있다. 그때가 언제가 될는지는 모르지만…."

엄마의 그 말은 내 인생에 있어서 신앙과도 같은 믿음이 되었고, 내일에 대한 희망을 끝까지 놓지 않게 했다.

엄마 말은 틀리지 않았다. 기적처럼 나는 열 살쯤에 서툰 걸음마를 시작했고, 그 후 지금까지 40년이 넘게 내 두 발로 걸어 다니고 있다.

우리네 인생길에서 주어진 가시밭길을 넘고 넘어 어렵사리 간다고 하더라도 꼭 '축복의 정원'이 약속되어 있는 것만은 아니다. 그것은 우리의 희망이며 기대에 지나지 않을 뿐이다. 한 편의 드라마는 비극으로 끝나는 경우도 종종 있기에.

화면의 영상은 계속 흐른다.

어느 허름한 길가, 정신이 혼미해진 젤소미나가 누더기 하나 덮은 채 땅바닥에 쪼그리고 누워 잠을 자고 있다. 그녀가 마음의 짐이 된 잠파노는 몇 푼의 돈과 젤소미나가 끼고 살던 트럼펫을 살며시 곁에 놓고는 그녀의 곁을 떠난다.

'인간의 눈은 흰 부분과 검은 부분으로 되어 있는데, 사물을 보는 것은 오직 검은 부분만을 통해서만 가능하다. 이유는 인생은 어두운 곳을 통해서 밝은 곳을 보아야 하기 때문'이라고 한다.

기쁨은 가벼워 위로 올라가 증발하지만, 슬픔은 무거워 밑으로 가라앉는 성질이 있다. 슬픔이 가라앉아 쌓이면 마침내 앙금이 된다. 사람들은 그 앙금을 일러 '마음의 상처'라고 부른다.

사람은 모두 저마다의 아픔을 가슴에 안고 산다. 마음에 상처 하나 없는 삶이란 없다, 가시 없는 장미가 없듯이.

인생은 각자의 운명이 던진 시나리오대로 연출하는 드라마다. 우리는 이 세상이란 무대에 날마다 오르는 배우이다. 한때는 비극의 주인공이 되기도 하고, 어떤 때는 희극의 주인공이 되기도 한다. 사랑에 눈이 먼 연인이 되기도 하고, 실연의 아픔에 울기도 한다. 영웅이 될 때도 있고, 악인역을 맡을 때도 있다.

"세계는 모두 무대다. 그리고 모든 남자와 여자는 단순한 연기

자에 불과하다. 그들은 자신의 입구와 출구를 갖고 있다. 각각의 인간은 자기의 일생의 다양한 역할을 한다.”

대문호 셰익스피어가 인생을 두고 간파한 말이다.

영상은 흘러 라스트 신에 이른다. ‘어떤 실성한 여인이 버림을 받았는지 식음을 전폐한 채, 매일같이 울며 트럼펫만 불다가 이 거리의 한 모퉁이에서 죽었다’는 얘기를 듣게 된 잠파노는 밀려오는 죄책감에 못 이겨 매일같이 술을 마시며 괴로워한다. 밤이 내린 어느 바닷가, 잠파노는 모래사장에 엎어져 몸부림치며 통곡한다.

“미안해. 미안해….”

애잔한 젤소미나의 트럼펫 소리가 밤바다의 어둠 속으로 흩어진다.

알 수 없는 슬픔과 아픔이 목구멍까지 차오른다. 나는 괜스레 한마디를 내뱉고 만다.

“내 그럴 줄 알았다, 인간아! 있을 때 잘해주지! 이 미련한 곰탱아!”

어느새 내 눈시울도 촉촉이 젖어있다.

고 해

마당을 점령한 참새들의 요란한 수다에 기어이 늦잠을 깨고 말았다. 심드렁한 심사에 눈곱만 뗀 채 커피 한 잔 타들고 현관문을 민다. 화들짝 놀란 참새들이 일시에 날아오르더니 흙 담 곁의 대추나무 가지에 올라앉는다. 이전 같으면 담 너머 멀리 달아나기 예사였는데 요즈음 들어서는 사람을 별로 무서워하지 않는 눈치다. 외려 나뭇가지에 음표처럼 모여 앉아 이쪽을 이상한 눈초리로 쳐다보며 저들끼리의 언어로 쏙닥거리기까지 한다.

어쩌면 녀석들은 너무 순수해서 '이 세상에서 가장 무서운 동물은 인간'이라는 엄연한 사실조차도 알아차리지 못한 듯싶다. 저렇게 인간에 대한 경계심을 풀었다가는 한순간에 '참새구이'

같은 신세가 될지도 모르는데 말이다. 고 밉지 않은 녀석들에게 보내던 시선을 천천히 그들이 앉아 있는 대추나무로 옮겨간다. 그런데 무언가 이상하다는 느낌이 든다. 그게 무얼까 하고 곰곰이 짚어 나가던 중에 소스라치게 놀라고 말았다. 참새 떼가 앉아 있는 대추나무는 잎이 거의 없는 앙상한 가지만을 드러내고 있음을 발견했기 때문이다. 얼른 마당가에 있는 다른 두 그루의 대추나무를 쳐다보았다. 그것들은 삼복염천에도 무성한 잎을 흔들며 대추를 물샐틈없이 빼곡히 매달고 있지 않은가. 참으로 괴이한 일도 다 있다 싶어 가까이 다가가 쓰다듬어 보자니 푸석한 껍질이 맥없이 툭 떨어진다. 죽어가고 있는 것이 분명했다.

작년까지만 해도 멀쩡하던 나무가 어찌하다 이 지경이 되었을까 싶다. 아둔한 머리를 이리 굴리고 저리 굴리며 그 원인을 찾기에 몰두한다. 아! 그러다가 '그것은 내 탓이다!'는 자각이 불쑥 들었다.

지난여름 장마철에 큰 태풍이 들이닥쳤을 때였다. 나는 아래채와 위채 옥상으로 연결되어 있는 서너 가닥의 전선이 걱정되어 안절부절못했다. 바로 아래에 서 있는 그 대추나무 가지가 거의 닿아 있었기 때문이다. 조바심을 내며 지켜보던 중에 잠시 비바람이 뜸한 틈을 타 작심하고 톱을 들었다. 키가 작은 편이라 나무의자를 갖다 놓고 올라서서 재빠르게 낮은 가지부터 쳐 나갔다. 그러나 아무리 깨금발을 딛고 용을 써도 전선에 닿아 있는 높은 가지는 자를 재간이 없었다. 마침내 바짝 약이 오른 나는 이를 악물고 '제발 더 이상 자라지 마' 하며 막무가내로 톱을 휘둘렀다. 그러던 중 어느 순간에 그 가지는 꺾어지고 말았다. 십 년 묵은 체증이 한꺼번에 다 내려가는 듯한 후련함에 쾌재를 불렀다.

변변한 장비나 도구가 없는 아프리카의 원주민들은 생활에 잦은 불편을 주는 마을의 큰 나무를 제거하고 싶을 때는 오가는 사람마다 '어서 죽어' '보기 싫어' '없어져'라며 저주를 퍼붓는다고 한다. 그러면 그 나무는 여지없이 고사하고 만다는 것이다.

사람을 해치고자 한다면 굳이 총이나 칼을 들 필요는 없다. 그저 마음으로 저주하고 증오를 퍼붓는 것만으로도 족하다. 그러면 한 치의 오차도 없이 상대에게 적중해서 상처를 입히게 된다는 것이다. 그러나 이때 유념해야 할 점은 그 저주의 말을 내뱉은 자신이 가장 먼저 불행하게 된다는 사실이다. 마치 총탄이 날아가기 전에 먼저 작열하는 것처럼.

일명 '물 박사'로 알려진 일본인 에모토 마사루 박사는 『물은 답을 알고 있다』라는 책에서 물도 사람의 감정에 반응한다고 역설했다. 그는 종이에 쓴 글자에는 고유한 진동이 있으며 물은 그것을 느껴 그에 걸맞은 결정(結晶)을 맺는다는 것이다. 예로 '천사' '지혜' '사랑해' 같은 사랑과 감사를 표현한 긍정적인 문구를 보여준 물은 마치 꽃이 핀 듯 질서정연한 아름다운 육각형 모양을 이루는 반면, '망할 놈' '바보' '죽어버려' 같은 부정적인 글귀를 보여준 것은 흉하게 일그러지고 깨진 모양을 나타낸다는 것이다. 그는 또 각종의 음악과 풍경 사진을 보여주며 관찰을 하기도 했다.

차이코프스키의 '백조의 호수', 바흐의 'G선상의 아리아', 베토벤 교향곡 '전원' 같은 감미로운 선율을 들려주거나 목가적인 풍경 사진을 보여준 물은 역시 영롱한 육각형 구조를 이룬 반면, 시끄러운 음악과 음산한 분위기의 사진을 보여준 물은 부서지고 깨진 불완전한 결정을 보였다고 한다. 그는 이렇게 십수년에 걸쳐 찍은 120여 장의 물의 결정 사진을 증거로 제시했다.

우리 몸에서 물 성분은 갓 태어났을 때는 약 90퍼센트, 성장했을 때는 70퍼센트, 늙어 죽을 때쯤에는 약 50퍼센트 정도가 된다고 한다. 인체에 가장 유익한 물은 자연 치유력을 높여주는 아름다운 결정의 육각수라는 앞의 이론을 확실한 근거를 들어 입증해 보였던 것이다. 그러고 보면 한 잔의 물을 마실 때도 그것에 대한 감사의 예를 표하는 것이 당연한 일이 아닐까 싶다.

'유유상종'이란 마음의 법칙이 있다고 한다. 어두운 생각을 자꾸 하고 있으면 슬프고 괴로운 일이 연이어 일어나고, 밝은 생각을 자주 하게 되면 고구마 넝쿨 들추듯 기쁘고 즐거운 일들이 줄줄이 엮어 나온다는 것이다.

늘 학교 기숙사 생활을 하는 외동딸이 아비의 생일을 맞아 붉은 카네이션 화분을 들고 왔다. 모처럼 만에 시골집을 찾은 녀석이 꽃밭과 텃밭을 한갓지게 둘러보다가 "이 대추나무는 왜 이러지요?" 하고 묻는다. 저녁 식사 시간 떡가래, 쫄면, 라면 두 봉지 그리고 어묵, 삶은 계란 두어 개를 프라이팬에 담고 고추장을 듬뿍 풀어 뽀글뽀글 끓는 채 내미는 아내의 특식 '떡쫄라라'를 받는다. 가족 간의 오붓한 얘기 중에 그 대추나무의 사연을 녀석에게 자상히 들려주었다. 잠자코 듣고 있던 녀석이 불쑥 한마디 한다.

"분명한 아버지 탓이라니 아버지가 살려 놓으셔야겠네요."

"어떻게?"

"잘못했다고 용서를 빌어야지요."

녀석의 좀 까칠한 반응에도 왠지 거부감은 일지 않았다. 어쩌면 당연히 그리 해야만 될 것 같다는 생각을 이미 하고 있었는지도 모를 일이다.

어느 날, 마당가를 서성이며 백수만이 누릴 수 있는 오롯한 시간의 여백을 즐기다가 무심결에 그 대추나무 앞에 섰다. 그때 문득 무엇에 이끌린 듯 지금 고해(告解)를 해야만 한다는 생각이 불쑥 들었다. 하여 다소곳이 두 손을 가슴에 모으고 고개를 숙인 채 고해를 했다. '우매한 인간의 마음으로 지은 나의 죄를 용서해 다오. 부디 잘 자라다오.' 그리고는 얼른 안방으로 들어가 종이에 '미안해!' '사랑해!' '본래 예쁜 네 모습을 보여줘!'라고 쓴 메모를 그 앙상한 나뭇가지에 매달아 주었다.

어쨌거나 대추나무의 생사는 그 운명에 달렸겠지만, 속죄를 하고 난 마음은 말간 하늘에 떠 있는 새털구름보다 가벼웠다.

2.

갈림길

퇴원하던 그날, 앞섰던 차에는 아름다운 소녀 율리아나의 주검이 실려 있었다. 빗속에서 부르는 몇몇 신자들의 구슬픈 위령 성가를 들으며 그 영구차는 화장터로 가는 오른쪽 길로, 나는 입원 중에 아내가 서울에서 이사해온 낯선 내 시골집이 있는 왼쪽 길로 접어들었다.

밥 값

창문으로 쏟아져 들어오는 햇살에 눈이 반쯤 뜨인다. 시선을 벽시계 쪽으로 보낸다. 열시가 조금 지나 있다. 일어날까 말까 잠시 망설이는데 욕실 쪽에서 '띠디딩 띠딩 띵' 요란한 소리가 들린다.

아내가 일터로 가면서 작동시켜 놓은 세탁기의 종료 신호음이다. '세상에 이보다 더 귀찮은 일이 또 있을까?' 푸념을 늘어놓으며 세탁물을 건져들고 현관문을 민다.

마당 한가득 모여 안방을 향해 '뭣이라'고 시끄럽게 재잘대던 참새 떼들이 놀라 담 너머로 달아난다. 느릿느릿 옷가지들을 빨랫줄에 하나씩 걸쳐나간다. 그러다 열린 대문으로 인기척이 들리면 빨래 뒤편으로 슬쩍 몸을 숨겼다가 나머지 것들을 대충 널고는 후딱 방으로 들어간다. 까치집 머리에 세수도 안 한 꾀죄죄한 몰골의 노출이 싫기 때문이다.

커피 한 잔을 타서 배 깔고 엎드려 조간신문을 펼친다. 가진 건 시간뿐인지라 구인광고란까지 구석구석 훑어 나가다 보면 어느새 점심때가 되어 있다. 아무리 별 볼일 없는 인간이라 하더라도 먹지 않고는 살아갈 도리가 없기에 '아점'이란 이름으로 식사의 예를 간략히 행한다.

그러고는 자전거를 밀고 나가 집 근처를 흐르는 청도천(淸道川)을 따라 한 바퀴 돈다. 허약한 육신을 단련하는 데는 딱 좋은 운동이다. 그렇게 한 두어 시간 땀이 몸에 밸 정도로 하이킹을 한 후 샤워를 하고 나면 기분이 한결 상쾌하다.

슬그머니 공책과 연필을 끌어당겨 쓰다만 글을 이어간다. 그러다 생각이 얽혀 이마에 미열이 나기 시작하면 다시 밖으로 나가 헛간에 쌓인 굵은 통나무 몇 개를 끌어내어 성질대로 장작을 패기 시작한다.

백수의 세계에도 엄연히 등급은 있다. 남아도는 시간을 주체하지 못해 안절부절못하고, 주머니가 비면 전혀 외출이 불가능한 상태를 '아마추어 백수'라 한다. 다음으로 넘쳐나는 시간을 그리 부담스러워 하지 않으며 주머니가 비어 있어도 일단 나서고 보는 '중간 백수'가 있다. 그리고 최고의 단계로 무궁무진한 시간을 자유자재로 활용하는 시테크 전문가이며, 주머니가 텅 빌수록 더 당당하게 행동하는 '프로 백수'가 있다.

지금 현재, 퇴직한 지 3년째 어영부영 살아가는 나는 중간 백수에 속하는 위인이라 하겠다. 회사를 물러나던 그날로 나는 어떤 종류를 막론하고 일을 해야만 한다, 이대로 늙어 죽을 수만은 없다, 살아 있는 동안 밥값은 해야 한다는 강박증에 시달렸다. 그래서 짧은 머리를 이리 굴리고 저리 굴려 짜낸 것이 '논술교사' '과외 선생' '직업훈련원 컴퓨터 강사' '헌책방 점원' 등이었다. 그러나 그것들을 세밀히 따져 나가다 보니, 이것은 이래서 어렵고 저것은 저래서 안 된다는 이유로 해서 실현 가능성을 보인 것은 아무것도 없었다. 그렇게 모처럼 떠올린 생각들이 하나씩 수포로 돌아가게 되자 급기야 자신을 스스로 자책하기에 이르렀다.

'그럼, 도대체 네가 잘할 수 있는 일이 무어냐? 그림을 제대로 그리길 하나, 그렇다고 글을 잘 쓸 줄 아나….' 그 순간, 머리를 휙 스치는 무엇이 있었다. 그것은 다름 아닌 '작가'라는 단어였다.

살다보니 잊고 있었지만 나는 엄연한 작가였다. 이미 7, 8년 전에 등단한 수필가였던 것이다. '작가는 글 쓰는 일을 업으로 하는 직업인'이라는 인식을 하게 된 그때부터 일자리에 대한 강렬한 집착에서 벗어날 수 있었다.

마음 한편엔 '작가는 배고픈 직업'이라는, 예부터 들어왔던 부정적인 이미지도 영 없는 것은 아니었지만, 현실의 백수에겐 이것저것 따질 계제가 못 되었다. 오히려 '자신의 저서가 운 좋게 베스트셀러로 뜨기라도 한다면 하루아침에 부와 명예를 거머쥘 수도 있지 않느냐.' 하는 들뜬 생각마저 들었다.

그때부터 글쓰기에 매달렸다. 회사에 다닐 때 습작하던 것들과 몇몇 문예지에 발표했던 작품들을 포함하여 마침내 한 권의 수필집으로 묶을 수 있었다. 등단한 지 10년, 퇴직 후 3년 만의 결실이었다. 다른 사람의 저서가 아닌 내 자신의 책을 들고 보니 야릇한 기분과 함께 그간의 애환이 주마등처럼 스치면서 만감이 교차했다. 교분이 있는 문인들과 연을 맺고 사는 이웃 그리고 친척들에게 보은의 마음으로 책을 선물했다.

반응은 예상외로 컸다. 붓글씨로 쓴 축하의 글을 보내준 저명한 수필가들도 몇 분 있었고, 손수 만든 예쁜 책갈피와 엽서를 보내준 노 여류 문인도 있었다. 그리고 자신의 저서를 보내준

이들도 여러 분 계셨다.

어느 날은 그 명성이 자자한 원로 문인 한 분으로부터 뜻밖의 전화가 왔다. 출간을 축하한다는 인사와 함께 나의 글에 많은 감동을 받았다면서 자신이 심사를 맡고 있는 큰 문학상을 하나 수여하고 싶다는 것이었다.

꿈인지 생신지 믿기지 않는 소식이었다. 그렇게 큰 상이라면 그에 따른 상금이나 부상도 만만치 않을 거란 생각에 희색이 만면하여 전화기에다 대고 '감사합니다. 고맙습니다'를 연발했다.

그분은 말씀 끝에 "서울의 유명한 연회장에서 시상식을 하게 될 텐데 밥값은 해야 되겠지…."라는 말을 덧붙였다. 나는 그 순간 가슴이 덜컥하여 결례를 무릅쓰고 그 밥값의 정도를 여쭙지 않을 수 없었다. 그분은 백만 원 정도면 괜찮겠냐고 되물었다. 잠시 머리가 복잡해진 내가 즉답을 못 하고 꾸물거리자, 그분은 다시 한 번 잘 생각해 보고 연락을 달라며 전화를 끊었다. 그 후 상을 받을 것인가 말 것인가를 두고 하루 이틀 고민하다가 깜박 잊고 지냈다. 며칠 뒤 그분이 다시 전화를 걸어왔다.

"이보게 생각해 보았는가?"

"예, 하지만 저는 그 상을 별로…."

"왜? 돈 백만 원이 부담 되는가?"

"그런 건 아니지만…, 왠지 영예로운 문학상을 돈 주고 사는 듯한 기분이 들어서…."

"이 사람아, 요즘 천지에 그렇게 큰 문학상을 그냥 공짜로 받을 거로 생각하는가?"

"그렇긴 하지만 저는 왠지 받고 싶지가 않습니다."

"할 수 없지. 정승도 저 싫으면 못 하는 법이니까. 하지만 아깝네, 최고급 상패에 트로피, 메달 등등 받을 부상만도 오륙십만 원어치는 족히 넘을 텐데." 하는 것 아닌가.

그때 '아차! 돈키호테적 나의 사고방식이 결국 차려준 진수성찬마저 내 발로 걷어차고 말았구나!' 하는 순간적인 후회가 들었다. 놓친 물고기가 더 커 보이는 아쉬움 같은 것이라고나 할까. 그러나 하늘을 우러러 한 점 부끄러움이 없는 행위였음을 위안으로 삼으니 마음은 금방 후련해져 왔다. 인제 와서 생각하니 그날의 일은 이 백수의 늦잠 중에 있었던 남가일몽 같게만 느껴진다.

백수는 결코 인생의 낙오자가 아니다. 그들은 비상을 위해 지금은 바짝 몸을 움츠리고 있을 뿐이다. 헝클어진 삶의 실타래에서 하나의 실마리를 뽑아 올리기 위해 골똘히 그 내면을 살피고 있는 중인 것이다. 백수는 시간과 공간의 굴레인 직장을 벗어나

마침내 자신의 무한한 상상력과 창의력을 발휘할 기회를 갖게 된 사람들이 아닐까. 진정한 '자아 찾기'에 나선 사람들의 별칭을 백수라 해야 하리라.

어느덧 해가 서산에 걸렸다. 곧 아내가 일터에서 돌아올 시간이다. 어서 널어놓은 빨래들을 거둬들이고, 아궁이에 군불을 지펴야겠다.

어찌하든 밥값은 해야겠기에.

친구여 안녕

만나면 헤어지는 것이 정한 이치라고 했던가. 한번 태어난 것은 반드시 죽고야 만다. 이 자연의 순리를 거역한 생명체는 아직껏 단 하나도 없었다. 하지만 이 엄연한 대우주의 법칙을 잘 알면서도 사람들은 쉽게 받아들이질 못할 때가 있다.

깊은 잠에 빠진 꼭두새벽, 전화벨이 요란스레 울린다.

"지금 당신 친구가 떠났어!"

병실을 지키던 아내의 울먹임이다.

친구는 시골에 혼자 살았다. 일흔 살, 같은 또래의 사람들만큼 유식하지도 않고 세련되지도 못했다. 오히려 혼자서 생활하기에는 다소의 어려움이 따르는 약간 어눌한 사람이었다. 그 '친구'란 나의 '장모'를 이름이다. 나랑 장모랑 허물없는 친구 사이처럼 지내는 걸 보고 아내가 붙인 장모의 별칭이다.

아내는 종종 "엄마가 세상을 떠날 때까지 잘 돌봐주면, 당신도 갈 때 잘 보내주겠지만, 만약 그렇지 못하면 당신도 곱게 저세상으로 갈 생각은 말아요." 하는 진심 어린 엄포성 발언을 하곤 했었다.

맏사위인 나는 아내랑 한 달에 한 번은 잊지 않고 예산의 한 시골에 사는 장모 댁을 찾았다. 그동안 쌓인 집안 청소를 하며 화면이 흐려진 TV, 물이 새고 있는 변기, 먹통이 되어 애간장을 태우는 전화기 등의 집기들을 손보아 둔다. 그리고 약간의 용돈도 드린다. 그러면 장모는 "사위 고맙네, 잉!" 하며 순박한 충청도 사투리로 고마움을 표하고는 이내 무릎을 꿇고 하늘을 향해 긴 감사의 기도를 올리곤 했다.

그러던 어느 날, 장모가 다니는 교회 목사 부인이 전화를 했다. 요즘 들어 친구의 얼굴이 매우 해쓱하고 거동이 몹시 불편해 보이니 큰 병원에 가서 진찰을 받아보는 것이 어떻겠냐는 내용이었다.

황급히 시골로 내려가 장모를 모시고 그 지방에 있는 한 대학병원을 찾았다. 의사는 최신 의학 장비들을 동원해 촬영한 영상자료들을 컴퓨터 화면으로 보여주면서 말했다. '췌장의 악성종양, 조기 위암, 담낭의 결석, 수술이 불가능한 상태' 등등 절망적인 말들을 한꺼번에 줄줄이 쏟아놓았다. 모인 가족들은 모두 경악해 말을 잇지 못했다.

당장 입원을 하라고 했지만, 그곳에서는 곁에서 돌봐줄 사람이 없는 관계로 병원 측의 양해를 구해 나의 고향이고, 지금 사는 청도에서 대체로 가까운 거리에 있는 대구의 한 병원으로 옮겨왔다. 거기서도 또 다른 정밀검사를 했다. 결과는 더 참담했다. 암이 뼈에까지 전이되어 어떤 수술도, 약물치료도 소용이 없으며 남은 시간도 약 6개월 정도라 했다. 어떻게 손쓸 방법이 없어 보였다. '환자에게는 암이란 사실을 알리지 않고 일반적인 치료만 받으면서 사는 동안만이라도 편안히 지내게 해드리고 싶다'는 뜻을 밝혔더니 의사는 쾌히 승낙을 해주었다.

그런 후 며칠이 지나지 않아 다른 젊은 의사가 와서는 항암치료를 받지 않을 거면 입원대기 중인 환자가 줄을 서서 기다리니 다른 병원으로 옮겨 갔으면 좋겠다고 하는 것이었다. 아내와 나는 심한 마음의 갈등을 느꼈다. 처음부터 항암치료를 받겠다고 했어야 옳지 않았나 하는 생각에서였다. 그러나 어차피 몇 개월 남지 않은 여생이라면 내 집 근처의 병원으로 옮겨 치료를 받게 하는 것도 좋은 생각이다 싶어 그렇게 단행했다.

옮겨온 읍(邑)내 병원은 분위기가 훨씬 부드러웠고 여유로웠다. 면담한 의사도 '내 부모라도 이 정도의 상태라면 항암치료는 받지 않게 했을 것'이라며 앞으로는 통증 완화 같은 통상적인 치료만 할 터이니 음식도 가릴 것 없고 외출도 자유롭게 해도 된다고 했다. 그 말 한마디에 그간의 온갖 시름이 봄날 눈 녹듯 녹아내렸다.

나는 장모에게 "치료 잘 받아 몸이 좋아지면 근처에 있는 사위집에서 함께 사십시다." 하니 "고마워 사위, 아들보다 낫구먼." 했다. 나는 그 말에 귀가 번쩍 뜨였다. "아들보다 낫다고? 정말이여?" 하며 재차 다그치자 "지금 현재로는…." 하며 슬그머니 말꼬리를 내린다.

장모는 여태 구식 사고방식인 남아선호사상이 뇌리에 콱 박힌 사람으로 딸이나 사위는 안중에도 없고 오로지 아들만 '내 새끼!' 하고 껴안는 위인이었다. 처남은 7년째 회사 일로 미국에 체류하고 있다. 장기간 아들의 얼굴을 못 본 장모는 아들이 돌아오는 날만을 학수고대하고 있는 터였다.

병원을 옮겨와 제법 안정을 찾아가던 나흘째 되던 날, 장모는 갑작스러운 고열과 심한 구토 증상을 보였다. 의사는 "췌장의 암

덩어리가 너무 커져 담관을 막아 일어나는 현상으로 매우 위급하니 어서 큰 병원으로 가서 담관을 뚫는 시술을 받고 오라."고 했다.

다시 허겁지겁 며칠 전까지 입원해 있는 대구의 병원으로 달려갔다. 진찰한 의사는 그 수술은 이미 불가능한 상태라며, 옆구리를 뚫어 가는 관을 삽입해 고인 담즙을 빼낼 수밖에 없다고 했다. 이후, 상황은 매우 급하게 돌아가기 시작하더니 급기야 산소마스크를 착용하기에 이르렀다. 그러자 담당의사는 "예상외로 병의 진행이 빨라 언제 어떻게 될지 모르는 상황이니 가까운 친지들에게는 미리 연락을 해두라."고 일러 주었다.

처남은 비행기 표를 구하기 위해 백방으로 수소문하고 있으나 연말연시라 구할 방도가 없다며, 혹시 있을지도 모를 빈자리를 얻기 위해 공항에 대기 중이라 했다. 어쨌거나 애지중지하는 아들 얼굴이라도 한 번 보고 돌아가셔야 할 텐데 하는 생각에 마음이 초조했다.

시나브로 한 해가 저물고 2010 경인년(庚寅年) 새해의 여명이 막 밝아올 즈음, 우여곡절 끝에 처남이 병실 문을 밀고 들어섰다. 이미 말문을 닫은 친구는 그토록 그리던 아들의 손을 잡고는 하염없이 눈물만 흘렸다. 그리고는 급격히 의식을 놓기 시작하더니 이내 숨을 거두고 말았다.

참으로 덧없는 삶, 허망한 인간의 모습을 나는 오늘 또 목격한다. 저승길에는 땡전 한 푼 갖고 갈 수 없기에 망자의 수의(壽衣)에는 주머니를 만들지 않는다. 소꿉놀이하던 어린아이가 엄마가 부르면 다 팽개치고 달려가듯, 하늘이 부르면 세상살이하던 소꿉들, 돈도 명예도 권력도 다 내려놓고 따라나서야만 한다.

'우리는 이 세상에 살고 있는 것이 아니라 이 세상을 지나가고 있는 것이다'라고 한 톨스토이의 말이 떠오른다. 주마등처럼 스쳐 가는 인생, 이제라도 삶의 주제 찾기에 나서야 할 텐데….

양산의 한 공원묘지, 살을 에는 세한에 하관(下官)을 하는 날 첫눈이 만장(輓章)처럼 휘날리기 시작했다. 여든이 넘은 친구의 언니가 "숙자야! 내 동생 숙자야! 이제 네가 그토록 그리워하던 네 남편 학현이 곁에 눕는구나. 잘 가거라! 다 잊고…." 하며 오열한다. 나도 흙 한 삽 떠 관 위에 뿌리며 마지막 작별을 고했다. "친구여 안녕! 영영 안녕." 그러자 흙 속에서도 "사위, 그동안 고마웠네, 잉! 행복하게 잘 살아!" 하는 유순한 장모의 음성이 들려오는 듯하여 눈시울이 뜨거워졌다. 생시에 좀 더 살갑게 보살펴 드리지 못한 죄책감에 목구멍이 아려왔다.

풍경소리

바람이 분다. 마당 가 대추나무에 달린 풍경이 청아한 소리를 낸다. 여러 갈래로 흩어져 산란하던 마음이 차츰 평정을 되찾는다.

근년에 문우들과 함께 경주 남산 탑골 마을을 찾은 적이 있다. 그 마을 뒷산에는 '부처바위'라는 바위가 있었다. 높이가 무려 9미터, 둘레가 30여 미터에 이르는 거대한 바위였다. 그 바위의 사면에는 여래상, 보살상, 비천상, 사자상, 탑 등 서른 가지도 넘는 각종 형상이 조각되어 있어 부처의 세계를 한눈에 보는 듯했다. 그중에 가장 눈길을 끄는 상은 구층탑이었다.

그 옛날 신라시대 경주에는 '황룡사'라는 큰 절이 있었다고 전

한다. 무려 네 분의 왕과 90여 년의 장구한 세월에 걸쳐 지어진 동양 최대의 대가람(大伽藍)이었다. 그리고 이 대사찰 안에는 바닥 면적만도 백오십여 평, 요즈음의 아파트 20층 높이에 이르는 세계 최고의 목조건축술로 만든 거대한 9층탑이 있었다고 한다. 하지만 안타깝게도 이 탑은 황룡사와 함께 고려 고종 때에 몽고의 침입을 받아 완전히 소실되고 지금은 황량한 빈터에 초석만이 남아있을 뿐이다.

그런데 그 흔적도 없이 사라진 '황룡사 9층 목탑'의 본디 모습이 이 부처바위에 새겨진 저 탑이라는 것이 아닌가. 애틋하고 반가운 마음에 몇 번이고 되 쳐다보았다. 그때 누군가 말했다.

"이 탑에서 무슨 소리가 들리지 않나요?"

무슨 얘긴가 하고 고개를 갸우뚱거리며 탑 조각상 바로 밑에까지 다가가 찬찬히 살펴보다가 깜짝 놀라고 말았다. 그 탑 층층의 처마마다 풍경이 달려있었던 것이다. 아득한 세월의 비바람 속에 닳고 닳아 희미해지긴 했지만, 풍경을 새긴 앙증맞은 자국은 분명히 남아 있었다.

그제야 그 사람이 던진 말뜻을 알아차리니, 금세 천 년 전 신라의 솔바람을 타고 탑의 풍경소리가 예까지 생생하게 들려오는 듯한 착각에 빠져들었던 것이다.

태초에 풍경을 단 연유를 잠시 생각해 본다. 아마도 그것은 마음속에서 일어나는 온갖 잡념들을 쫓기 위한 한 방편이었지 싶다.

'인간은 생각하는 갈대'라고 파스칼은 말했다. 데카르트는 '나는 생각한다, 고로 나는 존재한다'라고 선언한 바 있다. 이는 어느 것이나 인간의 위대성은 생각함에 있음을 나타내는 표현이리라.

분명 '생각'은 인간만의 특권이자 영광임에 틀림이 없는 것 같다. 동물의 세계나 식물의 세계에서는 결코 생각이 이루어낸 문화나 예술을 찾아볼 수 없기에 말이다.

그러나 반면, 인간은 생각함으로써 불행한 존재라고도 할 수 있지 않을까 싶기도 하다. 왜냐하면 생각은 창조의 근원이면서도 때로는 번뇌의 원천이 되기도 하기 때문이다.

어떤 선생님이 학생들에게 말했다. "지금부터 딱 한 시간만 '토끼' 생각을 하지 않으면 상금으로 돈 십만 원씩을 주겠다."

학생들은 이게 웬 굴러온 호박이냐면서 환호했다. 그러나 약속된 시간이 지나도 상금을 받으러온 학생은 아무도 없었다. 그들은 난데없는 '토끼생각'으로 생 골머리를 앓다가 그 눈앞에 어른거리는 횡재마저도 포기하고 말았던 것이다.

생각하지 않으려 애를 쓰면 쓸수록 생각나는 것이 생각이다. 그 생각하지 않으려고 애쓰는 자체가 '있다'는 것을 전제로 한 것이기 때문이리라.

생각에는 고통이 따르게 마련이다. 사람들은 늘 생각하면서도 그 생각이 가져다주는 고통에서는 벗어나고 싶어 하는 경향이 있는 것 같다. 해서 요즈음에는 수행자나 성직자가 아닌 보통의 사람들도 '마음 비우기', '생각 끊기'라는 명목 하에 '무심공부' '마음공부'에 매달리면서 그에 따른 적잖은 대가를 치르고 있음을 자주 목격하게 된다. 그저, 잔잔한 수면 같고 텅 빈 허공 같은 마음으로 살기를 원하는 것일 게다.

그러나 우둔한 내 머리에는 그것은 태초에 '생각하는 인간'으로 창조한 신의 뜻에 어긋나는 일인지도 모른다는 생각이 쉬 떠나질 않고 있는 형편이다.

해서 그런 생각들로 골치가 아파져올 땐 얼른 간결하면서도 단호한 결정을 내려버린다. '생각할 땐 생각하고, 생각을 끊을 땐 끊자'라고. 하지만 그것이 어디 쉬운 일인가.

마음을 생각 다 보니 문득 떠오르는 대화 한 편이 있다. 신광이라는 승려가 고명한 달마대사를 찾아가 법을 구할 때이다. 애타게 기다리고 기다려도 달마대사의 묵묵부답이 이어지자, 신광은 마침내 큰 결심을 하고 칼을 뽑아 자기의 왼쪽 팔을 쳐버린다. 그때 신광의 열렬한 구도심을 느낀 달마대사가 입을 연다.

"네가 구하고자 하는 것이 무엇이냐?"

"제 마음이 편하질 않습니다. 어쨌든지 좀 편안하게 해주십시오."

"불안한 네 마음을 가져오너라. 그러면 편안하게 해주겠다."

"아무리 찾아도 마음을 찾을 길이 없습니다."

그때 달마대사가 말한다.

"내 이미 너를 편안하게 하였느니라."

바람은 일체의 거리낌이 없다. 그 어떤 구속도, 장애도 받지 않는 무애(無碍)의 경지다. 그 바람을 소리로 만드는 건 풍경 속에 달린 물고기 모양의 추(錘)이다. 물고기는 눈을 감는 법이 없다. 깨어 있을 때나 잘 때나 마찬가지다. 풍경도 바람이 있는 한 그 소리를 그치지 않는다. 아마도 풍경에 물고기 형상의 추를 단 이유도 물고기처럼 늘 깨어 정진하라는 뜻인지도 모를 일이다.

불경에 '불은 나무에서 생겨나 도리어 나무를 불사른다' '녹은 쇠에서 생겨나 쇠를 갉아먹는다' 했다. 마음속에서 일어나는 생각들을 항시 잘 살피라는 뜻이 아닐까 싶다.

"쟁그랑~ 쟁그랑~" 풍경이 울린다.

아! 공중에 흩어지는 저 꽃비.

허공에 달린 목마른 물고기의 입술을 적셔주는 저 단비!

눈 물

한 소녀를 본다. 시상대 맨 윗자리에 오른, 19세의 앳된 소녀는 금빛 메달을 목에 걸고 마냥 생글생글 웃고 있다.

이윽고 게양대에 태극기가 오르고 장내에 애국가가 울려 퍼진다. 생기발랄한 미소 속에 초롱초롱 빛나던 소녀의 눈가에 차츰 물기가 고이기 시작한다. 소녀의 별명은 '강심장'이다. 그녀는 여태 수없이 시상대에 올랐지만 한 번도 눈물을 보인 적은 없었다.

하지만 이번만은 다르다. 그토록 원하던 세계챔피언의 자리에 오른 감격 때문인지, 아니면 그 순간 지난날의 힘겨웠던 시간이 떠올랐는지 눈가에 고이던 물기들은 마침내 한 줄기 눈물이 되어 속절없이 흘러내린다. 소녀는 연신 손등으로 흐르는 눈물을 찍어내며 입술을 꼭 깨물고 참아보려 하지만 한 번 흐르기 시작한 눈물은 쉽게 멈추질 않는다.

아이스 링크의 대형 전광판에 그 모습이 크게 확대되어 계속해 비치자 소녀는 적잖이 당황하여 몇 번이나 미소를 지으려고 애를 쓴다. 하지만 그러면 그럴수록 울다 웃고, 웃다 울먹이는 모습이 가감 없이 드러나 지켜보는 수많은 관중의 가슴에 잔잔한 감동을 불러일으킨다. 얼마 전, 미국 LA에서 열린 '세계피겨선수권대회' 시상식에서 흘린 김연아 선수의 '행복한 눈물'이다.

아직 십 대의 어린 소녀가 가슴에 품은 큰 꿈 하나를 실현해 보여준 모습이 참으로 당당하고 훌륭해 보인다. 소녀의 눈물은 이 세상 무엇과도 비교할 수 없는 값진 보석으로 영롱하게 빛났던 것이다.

우리네 삶에는 이렇듯 행복한 눈물만이 있는 것은 아니다. 때로는 슬픔의 눈물을 흘릴 때도 있다. 텔레비전 화면은 어느새 슬픔의 눈물에 젖던 가슴 아린 추억의 갈피를 들추고 있었다.

수년간 치료를 받아온 가슴앓이가 도져 결국 먼 남쪽 지방의 한 요양원에 입원할 때였다. 입원 수속을 마치고 서울로 귀가하는 아내와 딸을 배웅하려고 요양원 정문 앞의 버스정류장에 섰을 때였다. 딸아이가 느닷없이 "아빠, 헤어지기 싫어! 난 다 알

아. 아빠 입원한 거지!" 하며 갑자기 울음을 터뜨렸다. 목구멍까지 차오른 슬픔에 나는 무어라 할 말을 찾지 못했다.

이제 겨우 유치원생인 어린 자식 앞이라 눈물을 감추고 북받치는 감정을 애써 억누르며 떠듬떠듬 말을 이었다.

"울·지·말·아·야·지, 참·아·야·지…. 우리 카타리나는 엄마 말, 아빠 말 잘 듣는 착한 아이지?"

딸아이는 "응" 하면서도 흐느낀다.

"착한 아이는 용감하고 굳세니까 울지 않는 법이지?"

"응! 그렇지만 울고 싶어 우는 건 아냐. 눈물이 저절로 나오는 거야." 하며 연방 흐르는 눈물을 훔친다.

그 순간처럼 눈물이 원망스러운 때는 없었다. 슬픈 사람의 마음을 더 슬프게 적셔 놓는, 이 세상에서 가장 몹쓸 것이 눈물이란 생각이 들었다. 이내 버스가 도착하고 아내는 내 야윈 가슴에 머리를 박고 우는 아이의 손을 낚아채고는 재빨리 버스에 오른다. 나는 잘 가라는 기약 없는 이별의 손을 흔들며 멀어져 가는 모습이라도 보려 애썼지만, 눈앞이 흐려 제대로 볼 수가 없었다.

'아무리 긴긴 밤이라도 날은 밝는다.'

맥베스에서 하던 맬컴의 처절한 독백이 떠오른다.

그날 밤도 기어코 날은 새고야 말았다. 그 끝이 보이지 않던 고통의 시간은 거짓말처럼 무심한 세월 따라 모두 모두 흘러갔다. 그날 그 눈물짓던 꼬맹이가 어느새 의젓한 대학생 숙녀로 변모해 있듯이.

제아무리 큰 슬픔, 깊은 괴로움이라 하더라도 다 지나가게 마련이다. 다윗의 반지에 새겼다던 '이 또한 지나가리라!'는 잠언처럼.

이따금 나는 괜스레 삶이 울적해 올 때면 지난날 그 절박했던 순간을 떠올린다. 그러고 있으면 어느새 가슴속에 잔잔히 눈물이 번져난다. 그것은 내가 살아있음을 확인하는 감사의 눈물이다.

끌 수 없는 촛불

저녁상에 미역국이 올랐다. 큰 초, 작은 초가 빼곡히 꽂힌 생크림 케이크도 놓였다. 초에 불이 붙여졌다. 나는 크게 한 번 숨을 들이마시고 훅 불었다. 순간 어둠 속에서 심지 끝에 빨간 불꽃이 피더니 이내 사라지고 흰 연기가 피어오른다.

'땅, 땅' 폭죽이 터지고 '생일 축하합니다.~' 축가에 이어 "아버지, 생신을 축하합니다." "서방님, 어쨌던동 오래오래 건강하게 사이소." 하는 모녀의 축원이 이어진다. 그동안 나의 오랜 병고로 속을 태우던 가족들의 각별한 기원이라 감회가 남달랐다. 하지만 문득 떠오른 어느 끌 수 없는 촛불이 생각나 식욕이 일지 않았다.

무더위가 기승을 부리던 유월의 마지막 날, 경기도 화성에 있는 한 청소년수련원에서 큰 화재가 났다. 불법으로 급조된 컨테이너 임시 건물에서 열아홉 명의 유치원생들이 화마에 형체도 알아볼 수 없을 정도로 처참하게 죽어갔다.

그것은 어른들의 탐욕과 이기가 부른 예고된 인재(人災)라 했다. 그 건물은 사용승인도 나기 전부터 불법영업을 해왔으며, 육백 명 이상을 수용하는 다중 이용 시설임에도 진입로 폭을 불과 2~3미터로 해놓아 화재 진압 시 소방차의 진입이 늦어져 그런 대참화로까지 번진 빌미가 되었다. 철근콘크리트로 지었다고 속여 사용승인을 받았던 건물은 실제로는 컨테이너를 연결해 만든 임시 건물로 내화(耐火) 시설은 전혀 없었다. 게다가 중·고생들을 대상으로 한 청소년 수련시설임에도 돈벌이에 눈이 먼 업주가 어린 유치원생들까지 집단으로 유치함으로써 빚어진 참극이었다.

부실한 시설과 관리만이 문제가 된 것은 아니었다. 업자와 상사로부터 위협과 회유에 시달리던 담당 공무원은 보직(補職)을 내놓고 다른 자리로 옮겨가야만 했다. 수사가 시작되어 그 공무원을 조사하는 과정에서 그녀의 괴로웠던 나날들의 심경이 고스란히 담긴 비망록이 발견되었다.

'진입도로가 좁아 그곳은 인허가를 내줄 수 없는데 과장은 왜 무조건 허가를 내주라는 것일까. 정말 미치겠다. 왜 직원들 앞에서 서류를 내던지며 망신까지 줄까.' '과장과 업자는 벌을 받아야 할 사람이다.' 그뿐이 아니었다. 그녀는 퇴근길에 괴청년들로부터 '군수도 허가를 내준다고 했는데 네가 뭔데 가로막느냐. 처치해 버리겠다.' 등의 협박을 받고는 두려워 자식들을 친척 집으로 피신시키기까지 했던 사실이 밝혀졌다. 불법과 부조리가 판을 치는 이 사회의 추악한 단면을 여실히 보여주는 현장이었다.

사고가 난 지 닷새 뒤, 우여곡절 끝에 서울의 모 교육청 지하 강당에 합동 분향소가 차려졌다. 그중에는 생일을 3일 앞두고 떠난 쌍둥이 자매가 있었다. 검은 리본을 드리운 영정 앞에 쌍둥이가 평소 좋아하던 생크림 과일 케이크가 놓였다. 그리고 각각 일곱 개의 가녀린 초가 꽂혔다. 엄마 아빠가 오열하며 초에 불을 밝힌다. 촛불은 부모의 애간장이 되어 금세 타들어 가는데 아이들은 초롱초롱한 눈망울만 고정한 채 미동도 하지 않는다.

'ㄱ아! ㄴ아! 어서 촛불을 꺼야지! 어서! 너희가 아니면 누가 끄란 말이냐!'

주인 잃은 생일 촛불은 그렇게 속절없이 타들어만 가고, 고인 촛농은 지상을 떠나 천국으로 오르는 어린 천사들의 마지막 작별의 눈물인 양 주르르 흘러내렸다.

'애별리고(愛別離苦)' 사랑하는 사람들과의 영원한 헤어짐, 인생 팔고(八苦) 중에 이보다 더 큰 괴로움이 또 있을까. 눈에 넣어도 아프지 않을 어린 자식을 한꺼번에 둘씩이나 가슴에 묻어야 하는 이 비운의 부모에게 그 어떤 말이 위로가 될까.

어떤 여인이 결혼한 지 채 일 년도 안 돼 불의의 사고로 사랑하는 남편을 잃었다. 그녀는 남편을 일찍 데려간 하느님을 원망하며 두문불출하고 시름에 잠겼다. 이를 지켜보던 시아버지가 앞마당 꽃밭으로 며느리를 데리고 갔다. 그리고는 갖가지의 꽃 중에 가장 꺾고 싶은 꽃을 하나 꺾어 보라고 했다. 그녀는 가장 아름답게 핀 장미 한 송이를 꺾었다. 그러자 시아버지가 말했다. "그것 봐라, 내 그럴 줄 알았지! 우리가 정원의 꽃 중에서 가장 아름다운 꽃을 꺾어 화병에 꽂듯이, 하느님도 가장 아름다운 인간을 꺾어 천국을 장식하신단다." 어느 책에서 읽은 내용이다.

어쨌거나 어린 영혼들은 향 내음 속으로 영영 사라져 갔다. 성서에 '어린이 같은 마음을 갖지 않고는 누구도 천국에 들어갈 수 없다'고 했으니, 이 천진무구한 어린 영혼들은 이미 천국의 문을 활짝 열고 들어갔을 것이다. 어제까지 다니던 유치원 문을 들어서듯 온갖 재잘거림과 재롱을 떨면서.

이기와 탐욕, 주접과 타락의 나락에 떨어져 아무런 죄의식도 느끼지 못하는 부끄러운 어른들을 뒤로한 채.

사람의 마음은 동그란 원(圓)이고 그 속에는 양심이 삼각형 모양으로 맞닿아 있다고 한다. 해서 어떤 잘못을 저지를 때면 그 양심의 뾰족한 모서리가 마음을 찔러 가책을 느낀다는 것이다. 그러나 일상을 온갖 죄악의 범벅 속에 살아가는 현대인들은 이 양심의 끝 모서리가 마모되어 아무런 통증도 느끼질 못한다고 하니 답답한 노릇이다.

아! 식어버린 가슴들, 차돌처럼 굳어버린 마음들….

목구멍까지 그 무엇이 치밀어 올라 제대로 생일상을 비우지 못하고 큰 사발의 냉수 한 그릇으로 속을 쓸어내린다.

죄 많은 사람이 오래 산다고 했던가. 재수 없으면 백 살 넘게 산다고도 했던가. 어차피 가늘고 길게 산다는 것은 더 많은 죄를 지을 뿐이라는 서글픈 생각마저 든다.

'오래오래…' 운운하던 아내와 자식의 기원이 오늘따라 왠지 달갑게 느껴지지만은 않는다.

다시금 그 부모의 애끓는 절규가 귓전을 맴돈다.

'아이들의 가슴 부분이 타지 않았다는데… 마지막까지 ㄱ이가 제 동생 ㄴ이를 보호하려고 꼭 껴안고 있었던 모양이라던데….'

좀 모자라는 인간

가끔 거울 속의 나를 쳐다보다가 놀랄 때가 있다. 너무 낯설게 느껴질 때이다. '저게 정말 나인가?' 싶기도 하고, 어딘가 '좀 모자라는 인간'처럼 보이기도 하는 것이다. 그럴 때면 오십 평생을 지녀온 육신인데도 참 당혹스러워진다.

이 세상에서 가장 소중한 것은 눈에 보이지 않는다. 그 누가 '사랑'을 보았으며 '마음'을 보았고 '영혼'을 보았던가?

눈에 보이는 육신만을 일러 인간이라 하지는 않는다. 육체는 영혼이 지금 여기에 와 있다는 하나의 표시에 지나지 않는 것으로, 잠깐 비쳤다 사라지는 신의 입김에 불과한 것이다.

성서에도 '육(肉)에서 나온 것은 육이며 영(靈)에서 나온 것은 영이다'라고 했다.

아무리 양귀비 같은 미인이라 하더라도 그 몸속에는 똥과 오줌과 피로 가득 차 있다. 그 고운 얼굴 피부도 현미경으로 들여다보면 가뭄 든 논바닥처럼 갈라져 보이고, 솜털은 거친 밧줄처럼 보일 것이다. 그것을 다시 고배율의 전자현미경으로 들여다보면 피부의 분자만 둥둥 떠다니는 것을 볼 수 있게 될 것이다. 이렇게 되면 미녀의 어여쁜 입술도 코도 온데간데없이 사라져 보이지 않게 된다.

분자를 더 세분하면 원자가 나오고, 그 원자의 한중간에는 원자핵이 있고 그 주위를 전자가 돌고 있다. 그리고 이 작은 입자들 사이의 거리는 별과 별 사이만큼이나 떨어져 있어서 아예 물질이란 덩어리는 없고, 텅 비어 있을 뿐이다.

원자를 한 번 더 분할해 보면 중간자라는 미립자가 나타나는데, 이것은 수백만 분의 1초라는 지극히 짧은 찰나에 나타났다가 이내 사라져 버린다고 한다. 이것이 최신 현대물리학이 밝힌 물질의 본질에 대한 입자설의 정설이라고 하는데, 이는 불교에서 말하는 '물질 무(物質 無)' '진공묘유(眞空妙有)' '색즉시공(色卽是空)' '공즉시색(空卽是色)'이란 진리와 같은 의미가 아닌가 싶다.

아무것도 없는 곳에서 생긴 아무것도 없는 것의 덩어리가 모여서 물질을 이루었던 것이기에 애초에 물질이란 그 자체는 없었던 것이다. 다만 거기에는 보이지 않는 신의 손길이 에너지의 법칙으로 작용할 뿐이었던 것이다.

그러면 어떤 이는 '어서 가까운 병원을 찾아보는 것이 좋을 것'이라고 권할지도 모르겠다. 하지만 갈릴레오 갈릴레이가 법정을 나서면서 '그래도 지구는 돈다'라고 했듯이 나도 한마디 던져 보고 싶다. '그래도 미녀는 없다. 물질은 없는 것이다'라고. '그럼, 지금 여기 있는 나는 무어냐?'고 항변하는 이도 있을지 모르겠다. 그럴 때도 나의 답변은 '그래도, 없는 것은 사실 없는 것이다'라고 할 수밖에 없다.

꽃씨를 아무리 잘게 쪼개어 들여다보아도 그 속에는 잎이나 줄기, 꽃의 모양은 찾아볼 수가 없다. 그러나 그 속에는 분명히 존재한다. 다만 그 모든 것들은 보이지 않는 '관념의 형태'로 있을 뿐이다. 그 씨앗이라는 인(因)이 적절한 시기에 물이나 햇빛이라는 연(緣)을 만났을 때 비로소 꽃, 잎, 줄기 등의 형태를 이루어 현상으로 나타나오는 것이다.

마찬가지로 맨 처음에 영인 인간이 있었고, 그 표현 형식으로서 육체 인간이 만들어졌던 것이므로, 모든 인간은 육체가 멸해도 영혼은 결코 멸하지 않는 영원불멸의 존재인 것이다.

예수는 '네 눈이 너를 실족하게 하거든 빼어 던져버려라'라고 했다. 인간에게 있어서 육체란 그리 큰 문제가 될 수 없다는 표현인 것이다.

또 제자들이 한 시각장애인을 보고 죗값을 치르고 있는 것으로 여겨 예수에게 물었을 때 '자기 죄 탓도 아니고 부모의 죄 탓도 아니다. 다만 저 사람에게서 하느님의 놀라운 일을 드러내기 위함이다'라고 했다.

태어난 지, 채 두 살이 되기 전에 심한 열병을 앓았던 헬렌 켈러는 볼 수도, 들을 수도, 말할 수도 없는 삼중의 고통 속에 살았다. 그러나 그녀는 마지막 남은 인식의 창구인 촉각으로 설리번 선생이 손바닥에 써주는 글씨를 통해 세상을 배웠다. 그녀가 처음 알게 된 단어는 '인형'과 '물'이었다. 그는 이 단어를 이해하면서 이 세상에 존재하는 모든 사물에는 고유한 이름이 있다는 것을 알고는, 너무도 놀라 전율을 느꼈다고 한다. 그 일을 계기로 무엇이든 배우고 싶은 지식욕에 불탔던 것이다.

그녀는 지화법과 점자, 발성법을 눈물겨운 노력으로 배웠다. 마침내 스무 살에 하버드대학에 입학했을 때, 그녀의 첫마디는 "나는 이제 농아가 아닙니다!"였다. 그녀는 일생을 통해 인류에게 많은 교훈을 던져준 '사랑의 전도사'가 되었던 것이다.

그녀는 말한다. "나는 눈과 귀와 혀를 빼앗겼지만, 내 영혼은 잃지 않았기에 그 모든 것을 가진 것이나 마찬가지이다." "세상에서 가장 소중한 것은 보거나 만져지지 않는다. 단지 가슴으로 느낄 뿐이다."라고.

장애는 그대로 방치하면 하나의 넘지 못할 장벽에 머물지만, 그것을 극복하면 행복의 정원으로 건너가는 징검돌이 되기도 한다. 그 어떤 장애라 하더라도 사랑과 용기를 갖고 결행하는 사람 앞에서는 길을 열어 양보할 수밖에 없는 것이다.

어둠이 빛의 존재를 더 확실하게 해주는 역할을 할 뿐이듯, 삶에 있어서 마주하게 되는 역경이야말로 우리들의 생명을 보다 고귀하고 자유롭게 해준다.

육체가 건강하다고 으스댈 것도 아니지만, 육체에 장애가 있다고 슬퍼할 일도 아니다. 육체는 영혼이 잠깐 동안 걸치고 있는 가죽옷에 지나지 않는 것으로 때가 되면 삭아 없어지기 마련이다.

'참인간' '진실의 인간'은 땅에 묻혀 썩어 없어지는 그런 하찮은 존재가 결코 아닌 것이다. 그러므로 이 세상 그 어디에도 '좀 모자라는 인간'이란 결코 없는 법이다. 다만 그런 생각이 들 때가 있을 뿐.

갈림길

늦가을 가랑비가 내리고 있었다. 막 정문을 나서려는데 차 한 대가 앞선다. 영구차였다.

사십 대 초반, 낮에는 직장에서 일하고 밤에는 학교에서 공부하며 눈코 뜰 새 없이 바쁘게 살아가던 서울살이 시절이었다. 어느 날 귀갓길의 지하철 안에서 심한 어지럼증이 느껴졌다. 갑자기 온몸에 식은땀이 흐르면서 숨쉬기도 어려웠고 곧 토할 것만 같았다. 가까스로 중도 역에서 내려 지하도 난간을 잡고 위로 올라와 구토할 곳을 찾다가 인적이 드문 길 한 모퉁이에서 쓰러지고 말았다.

병명은 폐결핵이었다. 일종의 직업병이었지 않나 싶다. 왜냐

하면, 나의 일터가 결핵을 연구하는 기관으로 온종일 결핵균을 갖고 하는 실험들이 일과였기 때문이다.

병은 만만치 않았다. 6개월 정도 치료를 받으면 완치되리라는 예상은 기대에 불과했다. 꾸준한 치료에도 불구하고 급기야 폐에 큰 구멍이 생기면서 병세는 악화일로로 치달았다. 결국 직장에 휴직을 신청하고 모든 상황을 고스란히 접어둔 채, 먼 남쪽 지방 마산의 한 결핵요양원에 나 자신을 격리시키고 말았다.

인류 역사상 가장 많은 인명을 앗아간 전염병이 결핵이다. 지금도 이 지구촌에는 매년 800여 만 명의 결핵환자가 새로 생겨나고 170여 만 명이 죽어간다. 환산하면 매일 5천 명의 무고한 생명이 희생되고 있는 셈이다.

우리나라도 그 폐해는 매우 심각한 형편이다. 결핵을 앓고 있는 환자가 15만 명에 이르고, 매년 3만 5천 명의 새로운 환자가 발생하며 3천여 명이 그로 인해 죽음을 맞고 있는 실정이다. 경제협력개발기구 30개 국가 중 결핵으로 인한 사망률 1위, 환자 수 1위, 인구대비 발생률 1위라는 불명예를 안고 있다.

결핵을 일으키는 원인균인 결핵균은 1882년 독일의 세균학자 로버트 코흐에 의해 발견되었다. 단 한 개의 세포로 이루어진 결핵균의 정체가 백일하에 드러났던 것이다. 그럼에도 불구하고

120여 년이 지난 오늘날에도 결핵은 여전히 인류를 위협하는 악명 높은 전염병으로 군림하고 있다. 현대의 눈부신 의학과 과학 속에 엄연히 벌어지고 있는 참상으로, 21세기의 아이러니라 아니할 수 없다.

결핵으로 인한 희생자 중에는 유독 훌륭한 문인들이 많이 포함되어 있다. 스물일곱 살에 요절한 천재작가 이상, 「봄 봄」의 김유정, 「물레방아」의 나도향, 「청포도」의 이육사, 「흙」의 이광수 그리고 현진건, 홍사용, 한하운….

외국작가로는 「마지막 잎새」의 오 헨리, 「변신」의 카프카, 「이방인」의 카뮈, 「좁은 문」의 앙드레 지드, 그리고 에드가 알란 포, 안톤 체홉, 하이네 등등.

요양원 내에는 성당 공소가 있었다. 나는 그곳에서 처음으로 진솔한 기도생활을 했다. 그때 병든 육신과 영혼을 맑은 신앙의 샘터로 인도해 주신 '테레사' '레시' 두 분의 수녀님을 지금도 잊지 못한다.

나는 그제야 욕망과 집착이라는 자승자박의 포승줄에서 조금씩 풀려났다. 직장도, 가정도, 학교도 모두 포기하고 나서야 비로소 새로운 삶이 움텄다. 그리하여 오늘 하루 무한히 베풀어져 있는 맑은 공기와 따사로운 햇살, 그리고 고통을 통한 삶의 회

오와 아직 남은 덤으로의 인생을 생각하며 진실로 감사의 기도를 올렸다.

요양원에는 늘 생과 사가 공존하고 있다. 어느 날 오전 안정시간에 침상에 누워 휴식을 취하고 있는데 급히 중환자실로 오라는 연락이 왔다. 밤사이 교우 한 명이 저세상으로 떠난 것이다.

모인 교우들은 그 가족과 함께 시신을 깨끗이 닦고 새 옷으로 갈아입히며 유품들을 정리했다. 간호사들은 병상의 이름표와 혈압과 맥박 기록표를 떼어내었다. 그때 어떤 환우가 "음! 이젠 '사병동' 행이시네. 잘 가시게." 했다. 나는 의아했다. 여태껏 4병동은 보지 못했기 때문이다. 옆 사람에게 슬쩍 물어보았다. 사병동이 어디 있느냐고. 그는 '사병동'의 '사'는 넉 사(四)가 아니라 죽을 사(死)를 뜻한다고 했다. 선배 환우들이 붙여놓은 영안실의 별칭이라는 것이다. 그 순간 나는 '풋' 하며 터지는 실소를 얼른 손으로 입을 틀어막아 가까스로 위기를 모면했다.

36세 남. 고등학교 시절 성적이 우수해 그 당시 치른 예비고사 시험에서 서울대에 합격할 정도의 높은 점수를 얻었으나 집안 형편이 어려워 결국 학업을 포기하고 말았다고 했다. 노모가 "저놈은 공부 때문에 죽은 기라. 공부에 한이 맺혀 죽은 기라…." 하며 통곡하던 연유가 조금은 이해가 되었다.

그날 밤 잠자리에서 나는 '죽음'에 대한 골똘한 생각으로 하얗게 날을 밝히고야 말았다. 죽음이라는 것이 그리 멀리 떨어져 있는 것이 아니란 생각이 머릿속을 지배했다. 오늘 밤 나의 베개 밑으로 죽음이 그림자처럼 찾아들면 사람들은 내일 아침 육신이란 이 폐기물을 저 사병동으로 옮겨 놓을 터이다. 사병동에는 죽은 이가 침묵한 채로 누워있고, 바로 옆 병동에는 산 사람들이 괴로운 신음을 하며 잠들어 있다. 생과 사의 갈림길은 지척이었다.

공소에서 한 어여쁜 소녀를 만났다. 끝내 말 한마디 붙여보지 못한 내 마음속 연민의 소녀다. 소녀는 남의 부축을 받아 가까스로 공소예절에 참석하곤 했다. 그런데 어느 날 손가락 한 마디 정도의 공소 문턱에 걸려 넘어진 후 한동안을 볼 수 없었다. 그러고 몇 달이 흐른 후, 소녀는 예쁜 한복차림으로 영세(領洗)를 받기 위해 산소호흡기가 달린 휠체어를 타고 나타났다. 내 눈에 비친 그녀의 모습은 아름답기 그지없었다. 마치 지상에 내려온 천사처럼 보였다.

나는 소녀의 내력이 궁금해 여기저기서 귀동냥을 했다. 소녀의 나이는 18세, 본명은 율리아나, 직업은 피아노 강사, 양쪽 폐가 다 망가진 상태, 그리고 별명은 '별당 아씨'라 했다. 아마도 병이 중해 늘 외부인의 출입이 제한된 중환자실에 갇혀 있어서 붙여진 별명이라 여겨졌다.

영원히 지나갈 것 같지 않던 그 고통의 시간도 시나브로 세월따라 흘러가고 있었다. 투병생활 3년째, 입원한 지 반년 만에 나는 기적처럼 자리를 털고 일어날 수 있었다.

퇴원하던 그날, 앞섰던 차에는 아름다운 소녀 율리아나의 주검이 실려 있었다. 빗속에서 부르는 몇몇 신자들의 구슬픈 위령성가를 들으며 그 영구차는 화장터로 가는 오른쪽 길로, 나는 입원 중에 아내가 서울에서 이사해온 낯선 내 시골집이 있는 왼쪽 길로 접어들었다. 한 성직자 묘지 입구에 적혀 있다는 잠언을 떠올리면서.

'오늘은 내 차례, 내일은 네 차례.'

운 명

세상은 공평하지만은 않다. 억만금의 재산을 갖고도 더 가지려고 안달하는 사람들이 있는가 하면 한 끼 밥이라도 배불리 먹는 것이 소원인 이들도 있다.

어릴 적 나의 소원은 스스로 한번 걸어보는 것이었다. 네댓 살쯤, 동네 목욕탕에 데려간 엄마는 깜짝 놀라고 말았다. 꼿꼿해야 할 어린 아들의 허리뼈가 눈에 띌 만큼 굽어 있었기 때문이다. 그것은 불행한 내 운명의 서곡이었다.

부모님은 넉넉지 못한 살림에도 대구의 큰 병원을 찾았다. 미국 유학을 다녀온 유명한 정형외과 의사가 있다는 소문이, 무리를 해서라도 그곳을 찾게 된 이유였다. 진단결과 척추카리에스,

곧 결핵성 척추염이라는 희귀한 병명이 나왔다.

의사는 척추의 가장 중심 부분이라 수술이 자칫 잘못되면 목숨을 잃을 수도 있다면서 목에서 아랫배까지 깁스를 하자고 했다. 하지만 그 딱딱한 석고붕대도 뼈의 휨을 방지하지는 못했다. 근 반년 가까이 지켜보던 의사는 별 효력이 없음을 시인하고 깁스를 제거했다. 문제는 그다음이었다. 깁스를 잘라냄과 동시에 나는 털썩 주저앉아 버리고 말았다. 그것이 허리의 지지대 역할을 해주어 서툰 걸음이라도 할 수 있었는데 그마저 불가능해졌던 것이다. 그때부터 나는 큰방, 마루, 작은방 사이를 기어 다니며 지내야 했다.

나를 걷게 하기 위한 부모님의 노력은 눈물겨운 것이었다. 엄마는 용하다는 의사나 침구사, 심지어 점술가가 있다는 소문만 들으면 그곳이 어디든 나를 둘러업고 찾아갔다. 그리고 효험이 있다는 민간요법은 안 해본 것이 없을 정도였다.

어느 날 엄마가 물었다. "용아, 정말 걷고 싶으냐?" 나는 맹세코 그렇다고 대답했다. "그러면 인분을 먹을 수 있겠냐?"고 또 물었다. 나는 속이 상해 돌아서서 눈물을 숨긴 채 고개만 끄떡여 보였다. 엄마는 어디선가 뼈를 다치거나 상한 데에는 인분이 특효라는 얘기를 들었던 것이다. 그날, 방 한편에는 이불을 뒤

집어쓴 항아리 하나가 자리했고 그 속에는 인분이 삭기 시작했다. 나는 엄마를 실망시키지 말아야 한다는 생각에, 아니 꼭 걷고 싶다는 마음에 코를 막고 그 사발을 단숨에 들이키곤 했다.

성서에 '생선을 달라는 자식에게 뱀을 줄 아비가 어디 있겠으며 달걀을 달라는데 전갈을 줄 사람이 어디 있겠느냐?' 했다. 세상에 이보다 더 고약한 것은 없을 것만 같은 그것을 사랑하는 자식에게 내밀어야 하는 엄마의 심정은 어떠했을까. 어쩌면 그 사발에 담긴 것은 내 엄마의 피눈물이었는지도 모른다.

그렇게 무심한 세월만 흘려보내던 열 살 때쯤이었다. 어느 날, 해질 무렵 서녘 하늘을 붉게 물들이며 뉘엿뉘엿 지고 있는 석양을 목을 빼고 쫓다가 나도 모르게 대청마루 기둥을 잡고 일어섰다. 아! 그것은 내 인생의 두 번째 걸음마가 시작되는 기적의 순간이었던 것이다.

사슴 한 마리가 온몸에 화살을 맞은 채, 피를 흘리며 도망가고 있다. 머리에는 우아한 뿔이 나 있지만, 얼굴은 놀랍게도 여성의 모습이다. 시선을 정면에 고정한 채 표정이 없다. 굳게 다문 입술은 비명도, 절규도 새어나갈 틈이 보이지 않을 만큼 근엄하다. 멕시코의 여류화가 프리다 칼로의 자화상 '다친 사슴'의 형상이다.

여섯 살 어린 나이에 소아마비를 앓아 한쪽 다리를 절었지만, 여느 소녀 못지않게 구김살 없이 자라던 칼로. 하지만 열여덟 살이던 해 하굣길에 타고 가던 버스가 전차와 충돌하면서 그녀의 인생은 만신창이가 되고 만다. 옆구리를 뚫고 들어간 강철봉이 척추와 골반, 허벅지를 관통하는 치명상을 입었던 것이다. 그녀의 말처럼 다친 것이 아니라 완전히 부서져 버렸다. 하복부와 척추에 철골이 들어가고 이후 평생을 통해 서른 차례의 수술을 받아야만 했다. 석고 깁스와 가죽 코르셋으로도 감당할 수 없어 결국 강철로 된 코르셋을 입고 지내지 않으면 안 되었다.

침상에 누워 무료해하는 딸을 위해 부모는 천장에 거울을 달고, 침대에 부착할 수 있는 특수 이젤을 맞춰 주었다. 그녀는 극심한 고통을 극복하고자 거울을 통해 자신의 몸과 마음의 상처를 그림으로 승화시켜 나갔다.

가혹한 운명의 밑바닥은 그러나 거기까지가 아니었다. 디에고 리베라라는, 멕시코가 낳은 천재 화가를 만나면서 그녀의 인생은 더욱 뒤틀리고 만다. 운명적으로 만난 이 스물한 살 연상의 남편은 소문난 여성편력가로 끝내는 칼로의 여동생과 딴살림을 차리기까지 했다. 칼로는 수차례의 유산으로 그토록 원하던 자식마저 얻지 못했다. 건강도, 사랑도, 자식도, 그 무엇도 성취하지 못했던 그녀의 삶은 심연의 고통 그 자체였다. 해서 그녀는 심신의 상처를 잔인하리만큼 사실적으로 화폭에 담아냈다. 그래서인지 작품을 보기만 해도 그 아픔이 절절히 전해져 온다. 그리하여 관람자들은 자신의 힘들고 괴로운 현실의 고통은 그녀의 것에 비하면 극히 사소한 것에 지나지 않는다는 위안을 받게 된다.

그녀의 그림을 보고 있노라면 인간 생명의 실을 잣는 운명의 여신 '클로토'의 끔찍한 장난질에 혀를 내두르게 된다.

위대한 예술가라 불리는 사람들은 어쩌면 신이 미리 점지해 두고 인간으로서는 가히 상상할 수도 없는 형극의 길을 걷게 하는지도 모르겠다. 그리하여 그 참혹한 환경 속에서 피와 땀과 눈물로 빚은 그만의 대작을 이 세상에 내어놓게 하는 것이 아닐까. 그리고 일생을 통해 겪은 육체적, 정신적 고통을 깡그리 상쇄하고도 남을 만한 창작의 희열을 그로 하여금 맛보게 하는 것이란 생각이 든다.

퍼즐 맞추듯 꿰맞추어야 했다는 철저히 망가진 육신, 남편한테서조차 받아만했던 마음의 상처, 그러나 그녀는 그 혹독한 운명 앞에 무릎 꿇지 않았다. 외려 당당히 맞서 그 누구도 흉내 낼 수 없는 불후의 명작들을 이 세상에 쏟아 놓았다. 그리고는 마치 '삶이란 장단(長短)의 문제가 아니다'라고 일갈이라도 하듯 마흔일곱이란 짧은 생을 온전히 불사르고 떠났다.

그녀의 삶의 궤적을 쫓다 보니 문득 나의 뒷모습이 되돌아봐진다. 어영부영 흘려버린 이순의 세월이 버려진 휴지조각처럼 아무렇게나 너부러져 있다. 이제라도 가슴의 온기가 느껴지고 사람 냄새가 묻어나는 글 한 편이라도 남겨야 한다는 존재로서의 의무감 같은 것이 강하게 마음에 와 닿는다. 다시금 저만치 밀쳐놓았던 원고지를 슬그머니 집어 들고 책상머리에 앉아 턱을 괴고는 생각하는 사람이 되어본다.

아무리 가혹한 삶이라 할지라도, 두려움 없이 뚜벅뚜벅 걸어가는 사람에게는 운명도 끝내 길을 열어 양보할 수밖에 없으리라.

일억 사천만 명이나 되는 지구촌 시청자들을 웃음과 감동으로 사로잡고 있는 토크쇼의 여왕 오프라 윈프리. 그녀는 '흑인이다. 사생아다. 미혼모다. 가난하다. 뚱뚱하다'는 세간의 비아냥거림에 대해 이렇게 말했다.

"그래서? 그게 뭐 어쨌다고?"

3.
인 연

진정 모를 것이 사람 팔자라 한다. 그러기에 이 세상은 한번 살아볼 만한 것이라고도 했다.

끝이 좋으면 다 좋은 법. 내 삶이 노롱득운의 해피엔딩이기를 빌어본다.

'사람 팔자 시간문제'인 것을.

내일에는 내일의 바람이 분다

사람들의 가슴에는 저마다의 저울 하나씩이 놓여 있다. 한 편은 '희망'이 놓일 자리이고 다른 편은 '절망'이 놓일 자리이다. 그리고 우리의 마음은 이 저울 위에서 부단히 시소를 탄다.

저녁상을 물리고 아내와 딸이 평시처럼 집 근처 청도천 변으로 산책하러 나갔다. 두 시간쯤 지나 딸애가 먼저 돌아온 기척이 들렸다. 그리고 약간의 시차를 두고 도착한 아내가 안방으로 들어가는가 싶더니 느닷없이 "너, 왜 이래! 이게 무슨 짓이야! 썩 이리 나오지 못해." 하는 고함을 질렀다.

갑작스러운 상황에 놀라 뭔 일이냐고 물으니 아내는 큰방 문을 활짝 열어젖히면서 "이게 안 보여요!" 한다. 들여다보니 책꽂

이에 가지런히 꽂혀 있던 아내의 책들이 죄다 방바닥에 내팽개쳐져 있지 않은가. 자식의 이런 돌출적인 행위를 목격한 건 이번이 처음인지라 가슴이 떨려왔다. 거실에 끌려나와 꿇어앉은 딸아이에게 아내가 다시 다그친다.

"엄마한테 왜 이러는 거야? 대체 이유가 뭐야?"

"엄마는 왜 자꾸 재수 얘기만 들먹이는 거야. 듣기 싫단 말이야! 더는 하지 마!"

울분을 토하며 꺽꺽거리던 녀석은 마침내 숨조차 제대로 쉬질 못한다. 평화롭던 가정은 삽시간에 짙은 암운에 휩싸였고 내 마음속의 저울은 곧장 절망 쪽으로 곤두박질치고 말았다.

근년에 집 근처의 공공도서관에서 '독서치료'라는 강좌를 들은 적이 있다. 강의 중에 '자녀 양육 태도 자가진단 테스트'라는 시간이 있었다. 결과에 따른 유형은 '축소전환형' '억압형' '방임형' '감정(공감)코치형' 4가지였다. 이중 아이의 감정을 잘 헤아려 문제를 원만히 해결해 줄 수 있고, 아이 또한 남의 감정을 잘 읽고 배려할 줄 아는, 부모와 자녀 간의 감정교류가 원만한 유형은 '감정코치형'이었다. 채점 결과 나의 유형은 놀랍게도 '100% 감정코치형'으로 나왔다. 하여 자식 교육만큼은 제대로 하고 있다는 뿌듯한 자부심을 품게 되었다. 그런데 이번 일로 해서 이마저 회의를 갖게 되었던 것이다.

딸애는 대학을 졸업하고 의학계열의 전문대학원 진학을 목표로 삼았었다. 하지만 그 등용문은 쉽사리 빗장을 풀어주질 않았다. 모집 정원의 서너 배를 뽑는 1단계 관문은 어렵사리 통과했다가도 면접을 포함한 최종 단계에서는 여지없이 고배를 들고 말았던 아픈 시간이 서너 해째 이어지고 있었다.

그러나 모든 게 끝장난 것은 아니었다. 부산에 있는 딸애의 출신대학 전문대학원의 한 과에서 이전 모집에서 생긴 결원을 포함한 열댓 명을 새해 1월에 있을 전기모집에서 뽑는다는 공고가 난 것이다.

나는 행운처럼 다가온 이 기회를 놓칠까봐 안절부절못했다. 그러나 심각할 정도로 불안정한 딸애의 모습을 목격한 이후로 그 어떤 말도 쉽사리 꺼낼 수가 없었다. 식사 중에 은근슬쩍 그 공고에 대해 운을 띄워 보아도 녀석은 가타부타 말이 없다. 결국, 접수 마지막 날 마감 시간이 다 지나도록 아이는 아무런 반응을 보이지 않았다. 또다시 좌절감이 뼛속 깊이 스며들었다.

밤새 괴로움에 몸을 뒤척이다 새벽녘에서야 깜박 잠이 들었는데, 누군가 방문을 여는 기척이 들렸다. 무거운 눈까풀을 억지로 반쯤 걷어 올려보니 아내가 까치발 걸음으로 살금살금 다가

와 뭔가를 코밑에 들이밀고는 검지를 입술에 대고 '쉿' 한다. 얼떨결에 눈을 비비며 그것을 들여다보던 나는 그야말로 기절초풍하고 말았다. 그것은 다름 아닌 녀석의 '수험표'였던 것이다.

늦은 아침 식사를 하며 말했다. "고맙다. 네가 원하는 최상의 바는 아니었다 할지라도, 아비가 추천하는 차선의 선택을 받아들여 주었으니 말이다." 그러자 녀석은 자꾸 쭈뼛쭈뼛하며 불안한 표정을 짓는다. 왜 그러냐고 물으니 "교수님과의 콘택트(contact)를 못 했어요. 제가 지원하는 이 계열은 원서접수 이전에 지원학과의 교수님 중 잘 아는 분과 사전 면담, 콘택트를 마쳐야만 하거든요. 저는 아는 교수님이 없어서 콘택트를 할 수 없었어요. 그래서 접수 사실조차 말씀 안 드렸던 거예요. 그러니 아버지도 너무 기대하지 마세요."

어쨌거나 녀석이 원서를 접수했다는 사실에 고무된 내 마음은 천국을 날고 있는 듯 둥둥거렸다.

딸애가 면접시험을 보던 날은 세한이 맹위를 떨치고 있었다. 정오경에 시험을 마치고 돌아온 녀석은 어두운 표정으로 아무 말 없이 제 방으로 들어간다. 한참 후 꽁꽁 언 몸을 녹이고 나온 아이는 몹시 시장하니 아침에 못 먹고 갔던 떡국을 해달라고 했다. 나는 녀석의 눈치를 보며 조심스레 "면접시험은 어려웠니?" 하고 말을 꺼냈다. 그러자 대뜸 "컨택트를 하지 않은 사람 있으면 손을 들어 보라기에 손을 들었더니, 나와 다른 한 사람뿐이던데요." 한다. 순간, 가슴이 철렁했다. 아! 또 떨어졌구나. 다시금 형언할 수 없는 심장의 통증이 도져 왔다. 일순간에 내 마음의 저울은 절망 쪽으로 완전히 처박히고 말았다.

직장에 다닐 때 친한 동료와 나누던 대화들이 떠올랐다. '요즘은 무슨 재미로 사느냐?'는 질문에 '자식 키우는 재미에 산다'는 대답이 십상이었다. 그러면서 무슨 큰 상을 받았다느니, 인재들만 모이는 학교에 당당히 합격했다느니 하는 자식들의 활약상을 자랑스럽게 늘어놓았던 것이다. 그럴 때면 으레 자식에 대한 지나친 집착으로 느껴져 '자식은 자식이고 나는 나지' 하는 시큰둥한 표정을 짓곤 했었다. 그런데 지금에 와서 자식에 대한 문제로 괴로워하고 있는 나 자신을 발견하고는 스스로에 대한 깊은 실망감에 빠졌다. 그간의 '마음' '무심' '집착' '잠재의식' 같은 주제로 글을 쓰면서 나름대로 열심히 해왔다고 여겼던 '마음공부'도 한낱 공염불에 지나지 않았다는 생각마저 든 탓이다.

그러고 사흘째 되던 날이었다. 아직도 늦잠에서 깨지 못하고 이불 속에서 꼼지락거리고 있는데 갑자기 방문이 덜컹하고 열리면서 녀석의 흥분된 목소리가 들렸다.

“아빠, 교수님이 전화했어요. 이번에 시험 본 대학원 교수님이래요. 요즘 특별히 하는 일이 있느냐고 묻기에 없다고 했더니 같이 일할 의향이 있으면 모레 교수님 연구실로 찾아오라고 했어요.”

뜬금없는 소리에 어안이 벙벙했다. 하지만 왠지 좋은 일이 일어날 것만 같은 예감에 황량하던 내 가슴 밭에도 어린 풀싹 같은 아주 작은 희망이 움을 틔우고 있음이 느껴졌다.

이틀 뒤 그 교수님을 면담하고 저녁 늦게 돌아온 아이의 이야기는 이랬다. 아직 말하기엔 조심스럽지만, 탈락자 중에는 콘택트를 못 한 녀석이 포함될 수도 있다는 것이다. 그러면서 지금 현재 하는 일이 없으면 자신의 연구실험실에서 같이 일하면서 결과를 기다려 보는 것이 어떻겠냐고 하더라고 했다. 만약 이번에 떨어진다고 하더라도 함께 일하는 자체가 확실한 콘택트가 될 테니 다음번 시험에 지원하면 되지 않겠느냐는 자상한 배려였던 것이다.

그때 내 마음속의 저울은 극적으로 평형을 이루고 있음이 느껴졌다. 크게 실망할 일도 아니고 그렇다고 크게 희망에 부풀 일도 아니라는 생각이 들었기 때문이다.

시험을 본 지 한 달이 되었을 즈음의 어느 날, 잠잠하던 손전화기가 몸을 부르르 떨며 메시지가 도착했음을 알린다. 그 대학원 의학실험실에 보름째 연구원 인턴으로 근무하고 있는 딸아이가 보낸 문자였다.

'아빠, 저 합격했어요. 3등으로.'

문득 성서의 한 구절이 떠오른다.

'그러므로 내일 일을 걱정하지 마라. 내일 걱정은 내일에 맡겨라. 하루의 괴로움은 그날에 겪는 것만으로 족하다.'

그래, 어쨌거나 내일에는 내일의 바람이 불어올 테지.

줄 탁

한 생명이 태어나려 한다. 알 속에서 자란 병아리가 껍질 안쪽의 한 부분을 계속 쪼며(啐) 세상 밖으로 나오려 사력을 다한다. 하지만 단단한 껍질을 깨기엔 힘이 부친다. 이때 어미 닭이 이 미미한 소리를 감지하고는 그 부분의 바깥 껍질을 쪼아준다.(啄) 마침내 새 생명이 탄생한다.

"만일 내가 눈을 떠서 3일만 볼 수 있다면, 가장 먼저 나를 가르쳐준 설리번 선생님을 찾아가 그분의 얼굴을 보고 싶습니다."라고 헬렌 켈러는 말했다. 듣지도, 보지도, 말하지도 못하는 삼중의 암흑세계에 살던 어린 소녀 헬렌을 빛의 세계로 인도해 준 사람은 스승 '앤 설리번'이었다. 앤의 어린 시절 또한 헬렌

못지않게 가혹했다.

그녀는 여덟 살의 어린 나이에 어머니를 여의고 알코올 중독자인 아버지로부터 버림을 받는다. 고아가 된 앤은 남동생과 함께 한 자선병원에 수용된다. 그러나 얼마 후, 그 사랑하는 동생마저 병으로 잃게 되자 수차례의 자살기도와 함께 극도의 정서불안 증세를 보여 '회복 불가능'이란 진단을 받고 정신병동의 지하 독방에 감금되고 만다. 그때 그녀는 심한 눈병까지 앓아 거의 실명한 상태였다. 그러나 요행히 그 병동에는 퇴직을 앞둔 '로라'라는 나이 많은 간호사가 있었는데, 그녀는 이 가여운 소녀를 구원해 주고 싶은 마음이 간절했다. 그래서 그녀는 병간호보다는 친구가 되어주어야겠다는 생각에 날마다 과자를 들고 찾아가서 책을 읽어주기도 하고 재미나는 얘기들을 들려주었다. 하지만 앤은 철저히 냉담했다. 매일 로라가 갖다주는 과자는 거들떠보지도 않았던 것이다.

그렇게 수개월이 흘러가던 어느 날, 놀라운 일이 일어난다. 그날 앤 앞에 놓였던 과자 접시에서 초콜릿 하나가 없어졌던 것이다. 그것은 얼음장보다 더 꽁꽁 얼어 붙어있던 앤의 마음이 서서히 녹고 있다는 신호였다. 드디어 희망의 불씨를 발견한 로라는 온 정성을 다해 이 상처 난 어린 영혼을 따뜻한 사랑으로 품어 주었다.

그로부터 2년 후, 마침내 '정상'이라는 정신과 의사의 판단을 받은 앤 설리번은 파킨스 시각 장애아 학교에 입학하게 된다. 그러고 6년이 지난 뒤에는 최우등생으로 졸업하였으며, 한 신문사의 도움으로 개안 수술을 받아 시력을 되찾는다. 그즈음 앤은 신문을 보다가 '보지도, 듣지도, 말하지도 못하는 아이를 돌볼 사람 구함!'이라는 구인 광고를 접하게 된다. 앤은 그 즉시 이 아이를 돌보아야겠다는 결심을 한다. 은사인 로라에게서 받은 가엾은 사랑을 이 가련한 아이에게 돌려주기로 결심했던 것이다. 이 아이가 바로 장애와 가난으로 고통 받는 수많은 사람의 등불이 되어준, 저 위대한 '빛의 천사' '사랑의 전도사' 헬렌 켈러였음은 더 말할 나위가 없으리라. 로라와 앤, 앤과 헬렌, 이들 사제지간의 고귀한 '줄, 탁의 사랑'은 그렇게 이어져갔던 것이다.

어떤 사람이 일으킨 하나의 행동은 지금까지 겪은 그의 수많은 경험이 배경이 돼서 나타난다. 하여 그 사람의 살아온 전 과정을 이해할 때만이 그 하나의 행위가 어쩔 수 없는 것이었음을 이해하게 된다. '진실한 사랑'이란 그러한 이해를 말함이 아닌가 싶다.

스승과 제자 사이의 아름다운 인연을 생각하노라면 아주 오래 된 그림 한 점을 떠올리게 된다. 추사(秋史) 김정희(金正喜)의 '세한도(歲寒圖)'이다.

추사는 당대 최고의 명필가로 금석학, 문자학, 지리학, 천문학 등 다방면에서 두각을 나타내던 인재 중의 인재였다. 그런 그가 쉰다섯 되던 해에 당쟁에 휘말려 제주도로 유배를 가게 된다. 추사의 문전을 들락거리던 그 많던 사람들은 하나둘 등을 돌리고 떠나갔다. 그러나 그를 배신하지 않고 끝까지 신의를 지켜준 이가 있었다. 제자인 이상적(李尙迪)이다.

이상적은 역관(譯官)으로 자주 중국을 드나들면서 스승이 닦아 놓은 연분을 따라 그곳의 저명한 문사들과 교류를 하였다. 그는 유배생활 하는 스승에게 중국의 최신서적을 보내주며 위로와 격려로 스승의 은혜를 잊지 않았다. 이에 추사가 그 보답으로 그림 한 점을 그려 보내 주었으니 그것이 바로 「세한도」이다.

발문(跋文)에는 이렇게 씌어 있다.

'그대가 지난해에 두 권의 책을 부쳐주고 올해도 황조경세문편 120권을 보내주니 이는 모두 세상에 흔한 일이 아니다… 사마천이 이르길, 권세와 이익으로 합친 자들은 그것이 다하면 교분 또한 시들해진다고 하였다… 공자께서 말씀하시기를 날씨가 차

가워진 후에야 송백의 푸름을 안다.'

이상적의 인품을 칭송하며 그의 호의에 감사하는 마음을 담은 글이다.

「세한도」는 한겨울의 혹한에 싸인 쓸쓸한 집 한 채와 그 좌우로 잣나무 두 그루, 소나무 두 그루가 전부인 단출한 그림이다. 늙은 소나무는 모진 세월에 허리가 반쯤 꺾인 채 구부정하나 그 기개만은 여전하다. 어린 잣나무는 곧고 청청하다. 아마도 허리 꺾인 노송은 귀양살이하며 늙어가는 추사 자신의 모습이고 꼿꼿한 잣나무는 제자 이상적의 기상을 상징하는 듯싶다.

스승으로부터 「세한도」를 선물 받은 이상적은 크게 감격하여 이듬해 북경 가는 길에 가져가 청나라 문인 16인과 함께한 자리에서 이 작품을 내보였다. 그들은 이들 사제지간의 돈독한 신의에 감복하여, 두 사람을 기리는 시와 감상문을 다투어 써주어 그 길이가 10미터에 달하는 긴 두루마리로 엮어지게 되었다. 갈필(渴筆)로 그린 황량한 겨울 풍경의 「세한도」는 수많은 세월이 흐른 오늘날에도 두 사람의 인정과 의리로 해서 따사로움을 느끼게 되는 불후의 명작이다.

'인간(人間)'이라고 할 때의 간 자는 사이 간(間)이다. 서로와

서로의 사이에서만 존재 가능한 것이다. 타인과 나와의 관계 속에서만 존재가 성립하는 것이다. '인간은 사회적 동물'이라고 한 아리스토텔레스의 정의도 이와 같은 뜻이 아닌가 싶다. 이 세상 어느 누구도 저 혼자 태어난 인간도 없고 저 혼자 살아가는 인간도 없다.

사람은 누구누구의 자식인 동시에 누구누구의 부모이다. 또한 누구의 제자이면서 누구의 스승이 된다. 그러한 관계의 연결은 줄, 탁에 의한다. 줄탁동시(啐啄同時)! 손바닥도 마주쳐야 소리가 나듯, 줄과 탁은 동시에 일어나야만 의의가 있는 것이다. 한 박자 빨라서도 안 되고 한 박자 늦어서도 안 된다.

스승과 제자, 남편과 아내, 부모와 자식 등 모든 인간관계가 줄과 탁의 균형 속에 화목은 깃드는 것이리라. 줄, 탁의 묘는 기다림에 있다. '진실의 순간' 그 '결정적 순간'을 위해 늘 준비하는 마음가짐이 필요할 것 같다.

잘 엮어진 씨줄과 날줄이 아름다운 문양을 지어내듯 사람과 사람 사이가 줄과 탁의 조화로 엮어질 때 이 세상은 지금 이대로 천국을 이루는 것이 아닐까.

멍

태초엔 아무것도 없었다. 들리는 건 음악뿐. 첫째 날, 신은 태양을 만들었다. 태양은 눈부시다. 그다음엔 땅을 만들었다. 둘째 날, 신은 바다를 만들었다. 바다는 발을 적신다. 바람이 간지럼을 태운다. … 일곱째 날, 신은 쉬기 위해 구름을 만들었다. 그리고 빠진 것이 없나 생각한 뒤 여덟째 날, 신은 '조지'를 만들었는데 보기에 참 좋았더라.

영화 '제8요일'의 처음과 마지막 장면에 흐르는 주인공의 독백이다. 조지는 주인공과 기이한 인연으로 친구가 된 다운증후군을 앓는 지적장애인이다.

달포 전 함께 식사하던 아내의 팔뚝에 멍든 자국이 보였다. 연유를 묻자 대수롭지 않은 일이라며 말끝을 흐린다.

사회복지사인 아내는 얼마 전부터 '장애인 활동보조인' 일을 한다. 대상자 중에는 앞을 보지 못하고 지적능력이 현저히 떨어지는 18세 된 소녀가 있다.

어느 날은 소녀의 주민등록증을 만들어 주기 위해 그 부모와 함께 읍사무소에 데려갔었다. 감정의 기복이 심한 소녀는 달라진 분위기에다 낯선 사람들의 음성을 듣게 되자 극도로 예민해져서 어서 집에 가자며 울고불고 난리를 쳤다.

아내는 지금 하지 않으면 기회가 없을 거란 생각에 그녀의 손을 억지로 끌어다가 지문을 찍게 했다. 그 찰나 소녀는 느닷없이 아내의 팔뚝을 콱 물어버렸다는 것이다. 치아 자국이 선명한 멍은 처음엔 짙은 보라색을 띠다가 점점 시커메지더니 며칠이 지나자 누렇게 변해 있었다. 저러다 조직이 썩어 들어가면 어쩌나 하고 은근한 걱정이 되어 병원에 가서 진료를 받아보기를 권했다. 아내는 이전에도 그런 적이 있었는데 별 탈 없었다며 괜찮아질 테니 염려 말라고 했다. 소녀의 부모는 자식이 저지른 행동에 대해 진심으로 미안해하셨다고 한다.

'자식보다 딱 하루만 더 살다 죽고 싶다'던 자폐증을 앓고 있는 자식을 둔 어느 어머니의 절절한 심정이 그러하지 않았을까 싶어 마음이 아려온다.

내 어릴 적 고향 집에는 사각모를 쓴 아버지의 흑백사진이 걸려 있었다. 다른 아이들처럼 걷고 뛰지 못하던 나는 또래들이 학교에 가고 혼자 덩그러니 남을 때면 아버지의 그 사진을 쳐다보면서 연필로 초상화를 그렸다. 그 시절 아버지는 이 세상에서 제일 닮고 싶은 인물로 내 마음속의 우상이었다.

나의 가시밭 인생길은 아주 어릴 적부터 시작되었다. 네댓 살 쯤에 나타난 척추의 이상으로 제대로 걷지도 못하고 갖은 병치레로 삶을 힘들어하자 어머니는 어느 점술가를 찾아갔다. 그는 옛날부터 우리나라를 한없이 괴롭혀온 일본에 유학까지 가서 대학 공부를 한 아버지 탓이라며 그때 쓰던 물품들은 모조리 내다 버려야만 한다고 했다. 그날 밤 아버지는 그 시절 사용했던 손때 묻은 책과 노트, 유도복과 럭비화 등 갖가지의 애장품들을 이 못난 자식의 앞날을 위해 모두 불살라버렸다. 돌아가신 지 30여 년의 세월이 지난 지금에도 그때의 일들을 생각하면 아버지에 대한 미안함과 죄스러움에 가슴이 미어진다.

고향을 떠나 낯설고 물 선 타관 땅 서울에서 주경야독하며 정신없이 살아가던 어느 날, 아버지가 운명하셨다는 급보가 날아들었다. 어머니의 백일탈상을 이틀 앞둔 시점이라 망연자실하지 않을 수 없었다. 밤새 기차를 타고 고향 집에 도착해 안방에 들어서니 낡은 병풍이 쳐져 있었다. 장남이면서도 아버지의 운명을 지키지 못한 불효에 용서 구하기 위해 병풍 뒤로 갔다. 아버지는 주무시듯 평안히 누워 계셨다. 그 모습이 너무도 자연스러워 혹 살아 계실지도 모른다는 생각에 윗옷을 살짝 들어 가슴에 손을 갖다 대 보았다. 체온의 차는 느껴지지 않았다. 옷을 다시 잘 여미며 보니 가슴 한편에 멍이 든 것이 보였다.

그 순간 그것은 장애를 가진 자식을 키우면서 얻게 된 마음의 상처인 것 같아 복받치는 설움에 왈칵 울음을 토하고 말았다. 그때 사촌 누나의 나직한 목소리가 들렸다.

"동생아, 그건 네 탓이 아니다. 사람이 운명하게 되면 자연스레 나타나는 증상이란다. 그리고 시신엔 될 수 있으면 손을 대지 않는 법이란다. 인제 그만 나오너라."

누나의 그 말은 무거운 죄책감으로 허물어져 내리던 내 가슴에 큰 위안이 되어 주었다.

이순(耳順)이란 세월의 파고를 넘고 있는 이즈음, 성치 못한 자식을 둔 부모로서의 한을 평생의 십자가로 지고 살았을 부모님을 생각하니 지병인 가슴앓이가 도지는 듯 저려 온다.

이십 대의 아직 젊었던 시절의 어느 날 저녁, 나는 몸을 가누지 못할 만큼 술에 취해 집에 들어왔다. 그리고는 큰방에 계시는 부모님께서 들을 만큼 큰소리로 주정을 했다.

"이럴 거면 왜 날 낳았어요. 차라리 낳지를 말지."

아! 그때 취중에 내뱉은 그 말이 천추의 한이 되어 이토록 뼈에 사무칠 줄이야….

영화 속의 '조지'에 생각이 머문다. 작가는 신이 창조한 완벽한 이 세상에 왜 굳이 없는 여덟째 날까지 할애하며 조지를 만들었다고 했을까. 가족의 아픔이며 짐인 그를 말이다.

문득 성서의 한 구절이 떠오른다.

'너희가 여기 있는 형제 중에 가장 보잘것없는 사람 하나에게 해준 것이 바로 나에게 해준 것이다.'

무심결에 아내의 팔뚝에 눈길이 간다. 멍은 어느새 사라지고 피부는 생생하다. 저처럼 가슴에 든 멍도 세월이란 망각의 지우개로 말끔히 지울 수 있었으면 오죽 좋으련만….

팔자타령

아침신문을 펴든다. 오늘의 운세 난에 눈길이 간다.

용띠- 재물: 보통. 건강: 보통. 사랑: 질투. 길방: 北. 52년생- '금전 운 좋아지거나 괜찮은 정보 생길 듯.'

왠지 마음에 좋은 감(感)이 온다.

20년도 더 된, 오래전 일이다. 아내가 분명치 않은 목소리로 구시렁구시렁 거리기에 뭔 일인가 하고 물었다. 아내는 "점(占)을 보았는데…." 하며 기어들어 가는 목소리로 내 눈치를 살핀다. 술술 풀려나가지 않는 현실에 답답증을 느꼈던 모양이다. 별로 궁금한 것이 없어 묻지도 않았는데 "우리는 결코 배곯을 팔자는 아니라고 합디다. 형편이 조금씩 나아져 노년에는 돈 걱정 없이 살 운이라고 했어요. 그러면서 그것은 안주인의 타고난 복 때문이라 합디다."

듣고 있자니 은근히 화가 치밀기 시작했다. 그 말 한마디 듣자고 길거리에 쭈그리고 앉아 스스럼없이 점술가에게 내밀었을 복채가 아깝다는 생각이 들어서였다.

"아니, 그럴 돈 있으면 삼겹살이나 몇 근 사다가 묵은 김치하고 소주 한잔 내놓으면 좀 좋아. 만약 그 점쟁이가 '몇 월 달에 큰 병을 얻게 될 것이고 또 몇 월 달에는 불의의 사고로 죽을 고비를 맞게 될 것이오. 그 비방(秘方)으로 단돈 50만 원만 받고 부적을 하나 써줄 테니 그것을 베개 속에 넣고 매일 베고 자도록 하시오' 했더라면 그 부적을 안 사고 배기겠어. 참 딱하기도 하네. 어찌 배웠다는 사람이 그런고."

생시의 엄마 말에 의하면 나는 여자로 태어날 팔자였다고 했다. 내 위로 누님이 두 명이 있었는데, 큰누나는 돌 지날 무렵 홍역을 앓다가 일찍 세상을 떠났다. 그때는 남아선호사상이 팽배해 있던 시절이라 엄마는 세 번째로 잉태한 자식의 성별에 촉각이 곤두서 있었다. 이번에도 딸이면 쫓겨날 각오를 하라는 무언의 압력이 느껴졌기 때문이다.

그즈음의 어느 날, 한 스님이 탁발을 하러 왔다. 마음이 여린 엄마는 없는 살림에도 쌀 한 바가지를 시주했다. 그때 스님이 "부인, 얼굴에 수심이 가득한데 무슨 걱정거리라도 있소?" 하고 물었다. 엄마는 여차의 곡절을 들려주었다. 스님 왈 "보아하니 태어날 아이는 분명 여자일 팔자요. 만약 남자로 태어나면 우환이 따를 운명이 틀림없소. 내가 방책을 하나 일러주리다. 만약 아들로 태어나면 즉시 그 사실을 숨기고 광주리에 담아 농장 위에 올려놓도록 하시오. 그러면 그것으로 액땜이 되어 일생을 무탈하게 살아갈 것이오."

내가 탄생하던 순간 아버지는 아들의 출생 시각은 정확히 기록해둘 필요가 있다고 하시며 탁상시계를 들고 방문에 바싹 다가앉아 초조하게 기다리고 있었다. 마침내 '앙~' 하는 울음소리가 터지고 이내 산파의 음성이 들렸다.

"이 가시나가 울음소리는 와 이리 크노."

그 순간 아버지 손에 들려있던 시계는 여지없이 마당으로 내동댕이쳐졌다. 그리고 건넛방에서 이쪽 소리에 귀 기울이고 있던 할머니의 탄식이 동시에 터져 나왔다.

"아이고, 이럴 어쩔꼬. 이제 우짜면 좋노."

상황이 상황인지라 산모인 엄마는 미역국은 고사하고 찬물에

식은 밥 한 덩이 제대로 얻어먹질 못했다.

그러고 보름이 지났을 즈음, 어둑어둑한 저녁때에 잠에서 깬 아이가 '응애~' 하고 울자 저녁을 짓느라 정신이 없는 엄마를 대신해 할머니가 들어왔다. 어둠 속에서 더듬거리며 기저귀를 갈던 할머니는 기절초풍하고 말았다. 아이의 사타구니에서 이상한 물건이 만져졌기 때문이다.

"이년들이 날 속였구나. 어서 미역국 끓여라! 마당에서 장작도 패지 마라. 손자 깬다."

내 팔자가 상팔자로 둔갑하는 순간이었다. 그리하여 나의 별명은 '광주리'가 되었음은 두말할 필요도 없다.

될성부른 나무 떡잎부터 알아본다고 했던가. 나는 어릴 적부터 '신동'으로 동네에 소문이 자자했다고 한다. 그것을 증명하는 빛바랜 흑백 사진 한 장을 지금도 고이 간직하고 있다. 사진 속의 나는 갓 돌 지난 아이로 턱받이를 하고 아랫도리는 그대로 드러낸 채 한 할아버지의 팔에 안겨 있다. 그분은 굵은 주름살과 텁수룩한 구레나룻이 전체의 얼굴을 이룬 영판 시골 영감의 모습이다.

엄마는 그 할아버지가 나의 큰고모부로 또래 아이 중에 나를 제일 귀여워해 주셨다고 한다. 나는 그 고모부의 총애에 보답이라도 하듯 그분이 원하시는 것이면 뭐든 척척 알아서 해드렸다고 한다. 예컨대 고모부가 쌈지에서 담배를 꺼내 긴 곰방대에 꾹꾹 눌러 담을라치면 나는 어느새 발발거리며 기어가 재떨이를 찾아내어 척 대령하는 것이었다. 그러면 "아이고, 우리 신동! 우리 신동!" 하시며 얼러주셨다. 솔직히 말하면 '재떨이 신동'이라는 닉네임에서 앞말이 생략된 칭호이긴 하지만 그래도 어디까지나 신동이었던 것만은 사실이었던 것 같다.

어떤 사무로 인감도장이 필요했다. 하여 신문광고란에서 자주 보아온 한 도장 파는 곳에 주문을 했다. 며칠 후에 받고 보니 거기에는 '인장인상학(印章印相學), 길운감정(吉運鑑定)'이라는 감정서(鑑定書)가 동봉되어 있었다.

> 승천격(昇天格). 노룡득운지상(老龍得雲之像)
>
> 위인이 출중하여 어릴 적부터 특이한 두뇌와 뛰어난 재능으로 대모대성(大謀大成)하여 만인의 앙시를 받을 것이요, 일약 승천하는 운수가 충천할 것이며, 큰 포부를 가지고 굳은 의지로서 마침내 공명을 천하에 날리게 되는 대길한 수이다.

아니나 다를까 오늘의 길방인 북(北)쪽, 즉 서울에서 뜻밖의 소식이 날아들었다. 모처럼 만에 받아보는 원고 청탁이다. 먼저 원고료를 살피니 '6만 원'이라 적혀 있다. 좀 적다 싶은 속물근성이 불쑥 고개를 쳐드는 것을 얼른 '온종일 땅 열 길을 파 보아라. 땡전 한푼 건질 수 있나' 하는 자위로 콱 눌러버린다. 이미 한물간 별 볼일 없는 촌부임을 고려하면 그것은 감지덕지하고도 남을 금액이었던 것이다.

아직도 나에겐 희망이 있다. '노룡득운의 때'가 시나브로 다가오고 있음이 느껴지기 때문이다. 그것이 언제 어떠한 현상으로 나타날지는 모를 일이지만 말이다.

한 달 전쯤에 응모한, 큰 상금이 걸린 문예공모전에 난데없이 덜컥 당선될지, 아니면 큰 맘 먹고 몇 장 사둔 월 500만 원씩 20년간을 받게 된다는 연금복권에 당첨될지 누가 알겠는가. 그것도 아니라면 출간된 지 일 년이 넘도록 빛을 보지 못하고 있는 나의 졸작 수필집이 일약 베스트셀러로 뜨는 기적 같은 일이 벌어질지 어찌 알겠는가.

진정 모를 것이 사람 팔자라 한다. 그러기에 이 세상은 한번 살아볼 만한 것이라고도 했다.

끝이 좋으면 다 좋은 법. 내 삶이 노룡득운의 해피엔딩이기를 빌어본다.

'사람 팔자 시간문제'인 것을.

오 분 전

사람들은 나를 시계라고 부른다. 하지만 세상의 여느 시계들과는 다르다. 시각의 표시도 내 의지와는 무관하게 사람들의 손장난에 달려있다. 그들은 어느 때는 분침을 약간 앞당겨 놓고 '이제 큰일 났다'며 호들갑을 떨기도 하고 또 어떤 때는 조금 늦춰 놓고 '이제는 좀 안심이 된다'며 안도의 한숨을 내쉬기도 한다.

근래에 일본 동북부 지방 센다이 동쪽 바다 130여 킬로미터 지점에서 진도 9.0규모의 강진이 일어났다. 그 여파는 엄청났다. 높이 십여 미터에 이르는 거대한 해일이 밀려와 삽시간에 인근 해안 도시를 덮쳤다.

모든 건물과 주택, 도로와 기찻길이 무너지거나 휘어지고 끊겨 버렸다. 자동차와 선박은 뒤집힌 채 나동그라졌으며 전기와 가스, 수돗물 공급이 중단되고 통신마저 두절되었다. 항구에 정박해 있던 어업용 연료 탱크가 전복되면서 흘러나온 기름에 불이 붙은 채 물결을 따라 도시 곳곳으로 번져나가 연이은 폭발과 화염으로 아비규환을 이뤘다.

물이 빠져나간 뒤의 정경은 눈 뜨고 볼 수 없을 정도로 처참했다. 부두에 있던 여객선은 빌딩 옥상 위에 멀뚱히 얹혀 있고 전투기는 오물을 뒤집어 쓴 채 건물 사이에 처박혀 있다. 마치 아이들이 갖고 놀다 내팽개친 장난감 같았다.

거리 모퉁이마다에는 살아남은 자들이 잃어버린 가족을 찾는 전단이 어지럽게 나붙어 있었다. 지난날 '누가 이 사람을 아시나요'라는 타이틀로 벌인, 인류 역사상 유례가 없었던 한반도 남녘에서의 '이산가족 찾기' 생방송 장면을 떠올리게 하는 가슴 아린 모습이었다.

설상가상으로 후쿠시마 현에 있는 원자력발전소 4기가 연이어 폭발해 통제 불능의 상태가 되자 끝 모를 피난 행렬이 이어져 살아있는 지옥을 방불케 했다. 지구촌에서 함께 살아가는 수많은 사람들이 그 어떤 공포 영화보다도 무서운 현실을 TV를 통해 실시간으로 지켜보면서 전율을 느꼈다. 어느 매스컴에서는 이번의 지진으로 지구의 자전 속도가 약간 빨라지고 하루의 길이도 조금 단축되었다고까지 전했다.

아이러니하게도 일본은 인류 역사상 전쟁으로 인한 최초의 피폭국가다. 전 세계를 향한 그들의 침략 야욕이 절정을 이루던 60여 년 전 8월의 어느 날, 드디어 히로시마에 '리틀 보이', 꼬맹이라 이름 붙여진 원자폭탄 하나가 투하됐다. 그로 인해 즉사한 사람만도 칠만여 명, 부상자 또한 그 몇 배나 발생했다. 그러나 일본은 항복하지 않았다. 그러자 사흘 후 이번에는 나가사키에 뚱뚱보, '팻맨'이라 명명된 또 다른 하나의 원자폭탄이 떨어져 또다시 십 만여 명에 이르는 사상자가 발생하자 마침내 일본은 흰 깃발을 흔들며 무릎을 꿇었다. 사람에게 각자의 운명이 있듯이 국가에도 그 나라만의 운명이 있어 그랬지 않았을까 싶다. 여하튼, 이 악몽 같은 원폭 피해 의식이 잔재하고 있는 그들에게 작금의 후쿠시마 원전 폭발은 그 자체로서 공황이 아닐 수 없었을 것이다.

한 공직자의 안타까운 죽음 소식이 들린다. 지진해일이 덮치던 당시의 어느 어촌 마을, 스물다섯 꽃다운 나이의 동사무소 한 여직원은 "빨리 도망치세요. 육 미터 높이의 파도가 오고 있습니다."라고 쉴 새 없이 대피 방송하다가 결국 쓰나미에 스러져 갔던 것이다. 하루에 사천여 구의 시신이 발견됐다는 끔찍한 소식이 들려올 때쯤 아직도 어딘가에 살아 있을지도 모르는 생명을 찾기 위해 구조대가 도착했다. 인적이 끊긴 도시, 눈에 보이는 것이라곤 죄다 시커멓게 그을리고 뒤틀린 채 폐허로 변해 버린 그곳에는 차가운 눈발과 을씨년스러운 비만 뿌릴 뿐이었다.

나의 시선은 무심히 한반도를 향한다. 지구상에 남아있는 마지막 냉전 지대. 손바닥만 한 땅덩이의 허리에 철조망을 쳐놓고 서로 다른 이념의 색안경을 끼고 총부리를 겨눈 채 오늘도 증오심을 불태우고 있다.

눈만 뜨면 싸우는 이웃한 두 가게가 있었다. 이를 보다 못한 천사가 하늘에서 내려와 한 가게 주인에게 말했다.

"네 소원을 말하라. 모두 이루어주겠다. 그리고 옆 가게에도 네가 받는 것의 배를 주겠다."

한참을 생각하던 그 가게 주인은 이렇게 말했다.

"내 눈알을 하나 빼주시오!"

사랑은 증오보다 강하다고 했다. 가슴에 증오를 품은 자가 강한 듯 보이지만 실제로는 약하기 이를 데 없으며, 가슴에 사랑을 품은 자는 약해 보이지만 사실은 그 누구보다도 강하다고 한다. 이유인즉슨 사랑에는 공포가 없는 까닭이라는 것이다.

한 마리의 나비가 팔랑팔랑 날아간다. 가로 쳐진 녹슨 철조망을 제 멋대로 넘나드는 저 나비의 자유가 한없이 부럽다.

과학과 의학의 발전이 하루가 다르게 눈부시고 물질의 풍요가 끝 모르게 흘러넘치는 현재도 굶주림과 질병으로 죽어가는 목숨이 봇물을 이루고 있다. 쪽빛 하늘과 옥빛 바다는 검붉은 연기와 시커먼 기름띠로 뒤덮이기 시작한 지 이미 오래다. 권력을 가진 위선자들은 전 인류를 섬멸시키고도 남을 가공할 핵폭탄을 들고 마치 공놀이하듯 장난을 치고 있다.

세계적인 핵물리학자들의 창안으로 육십여 년 전에 출생 당했던 당시의 시각은 자정 7분 전이었다. 가장 여유로웠던 시절은 소련 연방의 소멸로 동서간의 긴장이 많이 완화되었을 즈음으로 17분 전이었으며, 가장 긴박했던 시기는 미·소 양국이 수소폭탄 실험을 하며 서로 으르렁거리던 때로 불과 2분 전이었다. 그 후 이십여 차례의 밀고 당기는 조정 끝에 이번 일본의 원전사고와 한반도 북녘에서의 계속된 핵실험 위협을 들어 다시 1분 앞당겨 놓았다.

삶이란 사랑하기 위해 주어진 약간의 시간이라고 했다. 살아 숨 쉬는 지금이 사랑할 수 있는 유일한 시간이 아닐까. 나를 영원히 멈추게 할 수 있는 단 하나의 수단은 사람들 가슴속 깊이 잠들어 있는 '사랑'을 일깨우는 일, 바로 그것뿐일진대….

인간들 스스로 만들어 세운 나의 이름은 '지구 종말의 시계', 일명 '운명의 날 시계(Doomsday Clock)'이다.

현재 시각은 자정 오 분 전.

세월의 흔적

세상에 영원한 것은 없다고 했던가. 모름지기 세월 탓이리라.

작년 가을쯤이었다. 기차를 타고 좀 먼 곳을 다녀올 일이 생겼다. 모처럼 만의 열차여행이라 한껏 들뜬 기분으로 차에 올랐다. 급변하는 시류에 맞춰 장시간을 끙끙거리며 받아놓은 손전화 속의 예매표를 확인할 때였다. 깨알 같은 글씨들이 한데 엉겨 붙어 있어 맨눈으로는 도저히 읽을 수가 없었다. 얼른 안경을 꺼내려 평소 애용하던 윗도리의 안쪽 왼편 주머니에 손을 꽂았다. 한데 썰렁했다. 급히 상·하의 의복에 달린 주머니란 주머니와 가방 속의 칸칸을 샅샅이 훑어보았지만 허사였다.

순간 가슴이 콱 막힐 듯한 갑갑증이 느껴졌다. 우선 급한 대로 주위의 아무나 붙들고 물어보자 싶어 옆자리의 젊은이에게 시선을 보내니 귀에 이어폰을 꽂고는 머리까지 끄떡거리면서 무엇인가에 도취된 듯 보였다. 결코 흥을 깨트려서는 안 될 분위기였다. 해서 목을 빼고 앞뒤 자리까지 기웃거려 보았지만 마땅한 대상을 찾진 못했다.

아, 그놈의 돋보기안경 하나 때문에 이런 곤란을 당하게 될 줄이야… 그러나 다행할진저. 요즘의 기차표 예매는 대개가 모바일 상에서 이루어지다 보니 열차 안에서도, 출구에서도 차표 소지 여부를 검열하지 않았다. 입 한 번 뻥긋하지 않고 일사천리로 무사통과였던 것이다.

그날 집에 돌아오자마자 집 구석구석을 샅샅이 뒤졌지만, 어디에도 없었다. 이미 나도 모르는 사이 어디에선가 잃어버렸나 보다.

그러고 며칠 후 오일장이 선 청도장터를 평시처럼 배회하다가 한 난전에 돋보기안경이 있는 것이 눈에 띄었다. 반가운 마음에 하나를 덥석 쥐고 값을 물으니 단돈 육천 원이라 했다. 착한 가격에 끌려 안방용, 거실용, 건넛방용, 차량용, 휴대용 등 해서 예닐곱 개를 집어 들었다. 넉넉해진 마음은 장을 도는 내내 흡족한 기분을 유지시켜 주었다.

세월 탓인지 근래 들어서는 손에 익숙한 것들을 자주 찾게 된다. 유행이 좀 지났어도 몸에 밴 헌 옷 걸치는 것이 좋고, 신발장에 박혀 있는 낡은 구두도 편한 맛에 심심찮게 꺼내 신곤 한다. 보풀이 난 지갑이나 빛바랜 손가방도 마찬가지다. 가슴팍과 허벅지를 아슬아슬한 수위까지 노출한 채, 숨 가쁜 템포에 맞춰 요상한 춤까지 곁들이는 최신 유행가보다는 오히려 신파조의 흘러간 옛 노래에 자주 귀가 끌린다.

나이 드는 것을 거북살스럽게 여기는 사람들이 적지 않은 듯하다. 하지만 나는 외려 나이가 들수록 편안함을 느끼는 편이다. 하여 자비로운 전능자가 '네 청춘을 돌려주랴?' 하고 물어온다면 나는 아예 손사래를 치며 내빼고 말 것이다. 그것은 어쩌면 내 젊었던 시절의 날들이 너무도 팍팍했던 탓인지도 모른다. 그리하여 매정한 그 세월을 견디어 온 자신이 참으로 장하다는 생각이 든다. 결코 그 시절로 되돌아가고 싶지 않다는 속내일 것이다. 하지만 그것은 어디까지나 마음 적으로 그렇다는 것이지 육체적인 것까지 포함해서 그렇다는 뜻은 아니다.

사십 대 중반쯤이었을 게다. 어느 날 속이 거북하고 어지럼증이 느껴졌다. 약간의 두통이 일었고 눈도 침침했다. 은근한 걱정이 꼬리를 물었다. 몸속 어딘가에 이상이 생겼을지도 모른다는 염려였다. 잦은 병치레로 독한 약들을 많이 복용한 탓에 그 부작용으로 간이나 위장이 상해 생긴 현상일지도 모른다는 생각이 들었던 것이다. 가까운 병원을 찾아 혈액검사, 소변검사, 엑스선검사 등 이런저런 검사를 해보았지만 별다른 이상은 없는 것 같다고 했다. 그러나 혹시나 하는 의구심은 급기야 지극히 정상적인 눈에까지 미쳐 집 근처의 안경점을 찾기에 이르렀다. 시력측정기기에 바싹 다가앉아 턱을 얹고는 지시에 따라 이리저리 눈동자를 굴렸다. 잠시 후, 결과지를 들고 온 안경사가 대뜸 말했다.

"노안입니다. 이제 돋보기안경을 써야겠네예."

갑작스러운 그의 선언은 충격이 아닐 수 없었다. 하지만 한편으로는 적이 안심이 되었다. 심각한 중병이 아니라는 사실과 나이에 따른 시력저하는 인체의 자연스러운 현상으로 받아들여졌기 때문이다.

그리하여 그날 이후 은근슬쩍 내 몸 일부분의 역할을 맡게 된 안경, 이제는 이것 없이는 눈 뜬 시각장애인 행세를 해야 할 형편이 된 것이다. 나이 들면 서러운 일이 많다더니 이런 경우를 두고 한 말이 아닐까 싶었다.

인간의 지각능력은 지극히 제한적이다. 아무리 시력이 좋다

해도 불과 3, 4킬로미터 정도만 떨어지면 사물의 식별이 불가능하다. 들을 수 있는 소리의 범위도 마찬가지여서 박쥐나 돌고래가 내는 초음파를 들을 수 없으며, 우리가 사는 이 지구가 자전과 동시에 공전하며 내는 엄청난 굉음은 듣질 못한다. 그뿐만 아니라 비둘기나 개구리, 뱀도 미리 감지하고 피신한다는 지진조차도 예측하지 못해 매번 엄청난 재해를 당하기 일쑤다.

이런 불완전한 육체적 감각임에도 사람들은 오로지 자기 눈으로 본 것만이 옳고, 자기 귀로 들은 것만이 사실이며, 자기 입으로 말한 것만이 진실하다고 우겨댄다. 아마도 이보다 더한 벽창호는 이 우주 어디에서도 찾아보기 어려울 듯싶다. '옹고집의 종결자'라고나 해야 할까.

기실 불투명한 것은 사물 자체가 아니었다. 조절기능이 떨어진 내 눈이 그렇게 보고 있었던 것이다. 하여 안구에 유리조각을 덧대어 시각을 보정한 후 물체를 바라보아야만 했던 것뿐이다. 그날의 안경 부재로 인한 작은 소란은 한계와 모순 덩이인 이 몸뚱이의 실상을 되돌아보게 하는 계기가 되었던 것이다.

세월의 풍화작용 탓인지 요즘 들어 내 몸 예서제서 소리 없는 침식이 진행되고 있음이 감지되고 있다. 점점 마음으로 보아야 할 것들, 가슴으로 읽어야 할 것들이 하나 둘 늘어나고 있음을 느낀다.

무연한 시선에 인생의 늦가을 자락을 걷고 있는 초로의 한 사내가 잡힌다. 앵글에 들어온 그 사내는 왠지 외로워 보인다.

마 음

마음은 창조다.

모든 사물은 생각함으로써 존재하게 된다. 생각의 진원지는 마음이다.

태초에 천지 창조가 시작된 것은 '말씀'에 의해서다. 이 우주 만물 중에서 말씀에 의하지 않고 생겨난 것은 단 하나도 없다. 말씀은 곧 하느님 자신이자 하느님의 마음이다.

찬란히 빛나는 이 지상의 문화도, 과학도, 예술도 모두 인간들의 마음이 지어낸 창작물이다. 그리고 마음이라는 이 요술 상자 속에는 인간들의 삶의 소재가 되는 사랑과 미움, 희망과 절망, 전쟁과 평화 그리고 가난도, 질병도, 욕심도, 집착도 모두 다 들어있다.

마음은 자유다.

그것은 형체가 없다. 시작도 없고 끝도 없다. 입구도 없으며 출구도 없다. 그리고 시간도 없고 공간도 없다. 그 모든 한정의 굴레에서 벗어나 있는 초월적인 존재인 것이다. 그러기에 '자유'라 별명을 붙여 본다.

우리는 이 '자유'를 통해서 지구의 표면을 떠나 금시에 화성으로 날아갈 수 있고 금성과 해왕성 등 온갖 별들을 징검돌 삼아 우주를 산책할 수 있으며 느긋하게 은하계 속을 유영할 수도 있다. 그러다가 다시 '자유'의 의지에 따라 눈 깜짝할 사이에 이 나라 이 도시, 내가 사는 아파트 베란다의 나무의자에 얹혀져 있는 나의 육신이란 껍데기로 귀환할 수 있는 것이다.

마음은 주인공이다.

육체를 자동차에 비유하면 마음은 운전기사라 할 수 있다. 물을 한 잔 마실 때도 내 팔이 움직여 마시게 되었다고 하겠지만 팔을 움직이게 한 것은 마음이다. 다리가 걸어서 여기까지 오게 되었다고 말하지만 사실 다리를 움직이게 한 것은 마음이다.

마찬가지로 내 눈이 앞에 놓인 컵을 본다고 생각하겠지만, 이 또한 오해에 기인한다. 눈은 카메라 렌즈 같은 역할을 하는 육체의 일부분으로서 사물을 보는 주체는 아닌 것이다. 또 내 귀가 소리를 듣고 있다고 할 때라도 귀의 고막이라는 장치가 그 소리를 듣고 있는 주체는 결코 아니다.

실제로 물체를 보고 있고 그 소리를 듣고 있는 주인공은 엄연히 따로 있는 것이다. 이를 두고 우매한 나는 그냥 '나의 마음'이라 부르지만, 선각자들은 이것이야말로 '진짜의 나'라고 주장한다. 그리고 그것을 '참나' '진아(眞我)' '영원한 생명' '실상(實相)' '불성' 등등 여러 이름으로 부른다고 한다.

'사랑이 머리에서 가슴으로 내려오는데 70년이 걸렸다'고 한 김수환 추기경의 말씀을 감안할 때, 내가 '마음'을 참으로 깨닫기까지에는 평생을 두고도 부족할 것 같아 이제 여생을 생각하면 안타까운 마음에 조바심이 인다.

이 세상은 자기 마음만큼이다. 어떤 색깔의 안경을 끼고 보느냐에 따라 세상은 달라 보인다. 사랑의 안경을 끼고 보면 세상은 천국이지만 미움의 안경을 끼고 보면 세상은 지옥이 된다.

인간은 이 형체 없는 마음 하나로 세상 만물을 창조해 내는 위대한 존재인 반면, 이 형체 없는 마음의 끈을 잡고 맴돌다가 그 자승자박의 괴로움에 신음하는 참으로 아둔한 존재이기도 한 것이다.

삶이란 내 마음의 연출인 것을.

인 연

무료감에 떠밀려 집을 나선다. 모처럼 만에 한길로 나와 오가는 사람들에 섞여 각양각색의 쇼윈도를 아주 느리게 눈요기한다. 그러다 문득 시야에 들어온 '체험, 인체신비전'이라는 선 간판에 끌려 걸음은 어느새 그쪽을 향한다. 그곳은 일종의 '신체전시관' 같은 곳이었다.

입구에 들어서니 한 건장한 남성의 전신표본이 먼저 눈에 들어왔다. 그 표본의 팔목에는 자신의 피부가 통째로 벗겨져 걸쳐있었다. 그 순간, 사람의 피부도 일종의 가죽이었다는 사실이 새삼 인식되면서 묘한 감정에 빠져들었다. 드러난 한 올 한 올의 근육과 각 부분의 뼈들은 마치 살아있는 사람의 것처럼 생생하게 느껴졌다. 전시장 곳곳은 뇌, 뼈, 폐, 간, 생식기 등 각종 인체 장기들로 가득했다.

태아도 손톱만 한 크기에서 완전한 사람의 모습을 갖춘 것까지 유리병 속에 넣어져 가지런히 진열되어 있었다. 다가가 자세히 살펴보니 두 달이 채 안 된, 7주째의 태아가 이미 손가락 발가락까지 온전히 갖추어졌다. 아주 작은 인간의 모습 그대로였다.

박제된 표본을 보는 순간, 모 방송사에서 방영했던 낙태시술 장면이 불현듯 떠올랐다. 엄마의 배 속, 그 안락한 보금자리에서 평화롭게 유영하던 어린 생명은 날카로운 금속성 절단기가 들어오자 본능적으로 살의를 느낀다. 이리 저리 피해 보려고 애쓰지만 탯줄에 연결된 몸뚱이를 숨길 곳은 어디에도 없다. 마침내 생명선이 잘리는 순간 태아는 '뭉크의 절규'처럼 입을 크게 벌리고는 소리 없는 비명을 지른다.

그 어린 생명은 어떤 연유로 엄마의 배 속에 들어서게 되었으며 세상의 빛도 보기 전에 저리도 무참히 살해 되어야만 하는 것일까. 저 또한 부모와 자식 간의 피치 못할 인연 때문이었다고 설명할 수 있을까. 이런 생각에 마음이 몹시 혼란스러웠다.

수많은 실과 바늘이 하늘에서 떨어져 내려오다가 서로 꿴, 불가사의한 만남을 '부부의 인연'이라 한다. 바다 속 깊은 곳에 사는 눈먼 거북이가 백 년에 한 번 크게 숨을 쉬기 위해 수면 위로 떠오른다. 그때 망망대해를 떠돌던 구멍 뚫린 널빤지가 하나 있어, 그 구멍에 거북이의 목이 낄 확률을 불가에서는 '불법을 만날 인연'이라 한다.

'나'라는 존재의 연유에 생각이 머문다. 먼저 아버지와 어머니의 만남이 있었을 터이다. 그 위에는 아버지를 낳으신 할아버지와 할머니 그리고 어머니를 낳으신 외할아버지와 외할머니 등등 해서 20대 조상까지 거슬러 올라가면 약 이백여 만 명의 선조와 연결되어 있다. 그렇게 30대까지만 환산해 보아도 무려 이십일 억여 명의 조상들과 연관되어 있음을 알게 된다. 만약 이 헬 수 없이 많은 선조 중 단 한 사람이라도 빠졌더라면 지금의 내가 존재하지 않았을 것은 자명한 일이 아닌가. 그러니 어찌 이 세상이라는 거대한 인연의 바다에 떨어진 참으로 불가사의한 존재, 기적 같은 존재라고 자각하지 않을 수 있겠는가.

그 전시된 표본들은 인간의 모습이긴 하지만 결코 인간은 아니었다. 그것은 일종의 인간 껍데기였다. 매미나 뱀이 벗어 놓은 허물 같은 것이었다. 그렇다면 그 허물을 벗고 사라진 알맹이는 대체 무엇이었을까? 그리고 그것의 향방은? 의문에 의문이 꼬리를 물고 머릿속을 맴돌아 관람하는 내내 마음이 산란했다.

불가에서는 육체를 지, 수, 화, 풍(地. 水. 火. 風)의 네 가지 요소로 이루어졌다고 본다. '지'는 뼈와 살을, '수'는 피부와 수분을 그리고 '화'는 몸의 기운과 체온을, '풍'은 호흡을 일컫는다고 한다. 그리고 죽음이란 이렇게 생성된 육체가 이 세상에서의 인연이 다하여 다시 지, 수, 화, 풍 네 가지의 원소로 흩어지는 것이라 했다. 성서의 '흙에서 나서 흙으로 돌아가리라'는 구절과 같은 맥락이지 싶다.

새장에 갇힌 새는 아무리 그 속을 안락하게 꾸며 주어도 행복을 느끼지 못할 것이다. 그 미물에게 있어서의 행복이란 가없는 창공을 마음껏 날아다니는 일일 것이다.

우리들 인간에게 있어서 가장 큰 속박은 아마도 '육신'이 아닐까. 어쩌면 그것은 영혼을 가두고 있는 감옥 같은 것인지도 모를 일이다. 영혼이 본래의 무애 자재한 모습으로 되돌아가는 시점은 육체의 모든 의학적 기능이 멈추는 순간, 곧 임종의 시점일 것이다. 마치, 번데기가 오랫동안 갇혀 있던 고치를 뚫고 마침내 나비가 되어 하늘로 날아오르는 대변신의 순간처럼. 그러므로 죽음이란 생명의 끝이 아니라 또 다른 한 세상에의 탄생으로 보아야 하지 않을까 싶다.

삶이란 물 위에 비친, 날아가는 한 마리 새의 날갯짓 같은 것, 풀잎에 맺힌 아침 이슬 같은 것.

인간은 '없음'으로부터 온 잠시 동안의 '있음'이었다. 그리하여 다시 때가 되면 본래의 '없음'으로 돌아가야만 하는 운명적 존재였다. 그것은 단지 인연의 그림자였던 것이다.

이런 생각을 하며 전시장을 빠져나온다. 살아 있음에 고개가 숙여진다.

4.

강화물

'세상은 공평하다'는 말은 아마도 농담이지 싶다. 무대 위에서는 '살기 위해 먹느냐, 먹기 위해 사느냐'는 농을 주고받는데, 무대 아래 한 편에선 배곯아 죽은 시신이 널브러져 있고, 다른 한편에선 영양 과다섭취 탓인 비만이 사회 문제화 되고 있다고 난리다.

연

강변길을 따라 걷는다. 피부에 닿는 바람이 상큼하다.

시선을 위로 보내니 탁 트인 창공에 까마득히 뜬 연이 하나 보인다. 연줄을 따라 시선을 아래로 내리니 둔치에서 한 아이가 얼레를 들고 있다. 소년은 지금 무슨 상상을 하고 있을까? 잠시 생각에 잠기던 나는 어느새 향수에 젖어 어린 시절의 고향 집 하늘을 날고 있었다.

기찻길이 보이고 그 옆에 동네 공터가 나타난다. 내 유년의 놀이터이다.

나는 언제나처럼 큰형님으로서의 위엄을 떨며 손에 연을 든 채 세발자전거에 앉아있다.

드디어 첫째 동생이 자전거를 밀며 세차게 앞으로 돌진한다. 바람이 느껴지는 순간 나는 연을 공중에 띄운다. 그러나 연은 연방 땅에 곤두박질칠 듯 요동을 치며 불안스레 흔들린다.

땅만 쳐다보며 엉덩이를 하늘로 치켜든 채 열심히 내달리는 동생에게 '더 빨리! 더 빨리!' 하며 독촉한다. 마침내 첫째가 지쳐 나가떨어지자 재빨리 둘째가 달라붙는다. 그리고 둘째의 기력마저 소진하면 셋째 동생이 이어받는다.

그러는 사이 연은 차츰차츰 떠올라 마침내 하늘 높이에서 물 만난 물고기처럼 유유히 꼬리를 치며 유영을 시작한다. 우리는 기어이 해내고야 말았다는 성취감에 도취하여 손뼉을 치고 환호성을 지른다.

그 사이를 놓칠세라 나는 얼른 준비해온 쪽지를 호주머니에서 꺼내 연줄에 매단다. 쪽지는 바람을 타고 연줄을 따라 조금씩 위로 올라가기 시작한다. 마침내 하늘 높이 뜬 연에 닿아 까만 점으로 아물아물 할 때쯤이면 동생들 몰래 살그머니 눈을 감고 그 쪽지에 적은 나의 소망이 꼭 이루어지기를 간절히 기도한다.

이제 먼 먼 날의 아련한 추억이 되어버린 그 시절, 그 쪽지에 적어 띄웠던 절절한 사연마저 기억에서 희미해져 버렸지만, '제발, 저를 걷게 해주세요!'라고 쓴 내용만큼은 잊히지 않는다.

네댓 살이 되었을 즈음, 척추에 이상이 생겨 차츰 걷기에 어려움을 느끼던 나는 끝내 주저앉아 버리고 말았다. 이후 나와 내 부모의 삶은 말 그대로 끝없는 가시밭길, 그것이었다.

가난했던 그 시절, 끼니를 걱정하는 형편에도 부모님은 어떻게든 나를 걷게 하려고 유명하다는 의사, 한의사, 침구사 심지어 점술가까지 찾았으며 신약도 한약도 하물며 갖가지의 민간처방까지 안 해 본 것이 없을 정도였다. 어느 날은 용한 침구사가 있다는 소문을 듣고 찾아갔었다. 그는 머리에서 발바닥까지 하루에 백 군데씩 백일 정도 침을 맞으면 혹 걸을 수 있을지도 모르겠다고 했다.

아직 어렸던 나는 침을 맞는 것이 무엇보다 싫었지만 '걸을 수도 있다'는 그 한마디에 얼굴 한번 찡그리지 않고 그 고통을 참아나갔다. 그러기를 한 달쯤, 침을 맞고 집에 돌아와 엄마가 등에 업힌 나를 내려놓기 위해 요대기를 풀었을 때였다. 침을 맞은 곳에서 조금씩 배어 나온 피들이 둘렀던 요대기에 말라붙어 몸이 떨어지질 않았다. 놀란 엄마는 나를 감싸 안으며 눈물 젖은 목소리로 말했다.

"미안하다. 내 죄가 너무 커서 네가 이 고생을 하는구나. 이제 침은 그만 맞자꾸나."

"엄마 나는 괜찮아! 하나도 안 아파! 미안해 엄마!"

"사람들이 영영 걸을 수 없을 것이라고 말하더라도 그 말을 그대로 믿어서는 안 된다. 너는 반드시 걸을 수 있다. 그때가 언제가 될는지는 모르지만… 이 엄마 말은 믿지?"

"응"

그즈음의 어느 날 아버지는 세발자전거 한 대를 사주셨다. 내 생애에 받은 선물 중 가장 귀중한 것이었다. 그것은 언제나 묵묵히 나의 발이 되어주었으며 끝내는 걸음마를 배우게 한 은인이었다.

집 근처의 둔덕은 기찻길이었고 그 너머의 동네에는 가까운 친척이 살고 있었다. 그 친척은 무속인이었다. 그 집 대문에는 언제나 푸른 대나무가 꽂혀있었고 법당이라 불리던 큰방에는 돌미륵이 모셔져 있었다. 나는 틈만 나면 동생들을 재촉하여 자전거에 의지해 그곳을 찾아가 미륵불 앞에 엎드려 빌고 빌었다.

"엄마가 사놓은 검정운동화를 신고 학교에 가고 싶어요. 제발, 걷게 해주세요."

그것은 소원이라기보다는 차라리 절규라 해야 옳을 듯싶다.

열 살 때쯤이었던 어느 해의 저물녘이었다. 서쪽 하늘을 곱게 물들이며 지고 있는 해를 놓치지 않으려고 목을 빼고 쫓다가 무심결에 대청마루의 기둥을 붙들고 일어섰다.

자비하신 부처님의 가피 때문인지, 연줄을 타고 올라간 나의 기원이 하늘에 닿았음인지, 아니면 엄마가 내 가슴에 심어놓은 믿음이 실현되어서였는지는 모를 일이지만 여하튼 기적은 일어나고야 말았던 것이다. 그로부터 걸음마를 다시금 시작한 나는 서툰 걸음걸이로 세상 속으로 들어갈 수 있었다.

꿈을 그리지 않고서 꿈을 이룬 이는 이 세상에 단 한 명도 없을 것이다. 꿈은 굳은 믿음이 있을 때 현실이 된다.

'기회란 우연히 주어지는 것은 아니다. 미리 준비된 자에게만 오는 것이다. 기회가 기회로 보이는 것은 그 소망이 너무도 간절하기 때문이다'라는 어느 위인의 말이 생각난다.

꿈은 반드시 이루어진다고 했다. 그것은 아마도 간절한 꿈은 그대로 진실한 기도가 되기 때문일 것이다.

바람과 마주서야만 뜨는 연, 나에게 시련은 바람이었고 나는 마침내 연이 되었다.

꽃반지

싱그러운 계절 어느 날의 늦은 아침이다. 시끄럽게 재잘대는 새들의 소란에 잠을 깬 백수는 기지개를 켜며 커피 한 잔 타 들고 현관문을 민다.

기척에 새들이 화들짝 놀라 달아난 뜰에는 저마다의 향기와 자태로 벌이는 꽃들의 향연으로 수선하다. 오늘도 역시나 별 볼 일 없는 백수는 꽃마다 향기를 음미해 주는 것이 그들에 대한 예의일 것 같다는 생각에 송이마다 코끝을 갖다 되어 본다. 작약, 백합, 장미….

한데 볼품없이 자란 쇠비름, 속속이풀, 토끼풀 같은 잡풀들이 눈에 밟힌다. 먼저 손 가까이 있는 속속이풀을 뿌리째 뽑아 마당 가로 획 던진다. 이번엔 토끼풀을 덥석 잡는다. 그 순간 문득 떠오른 한 가슴 아린 정경에 하던 행위를 멈추고 잠시 회상에 잠긴다.

어느 외진 농가 옥수수 밭 근처에서 한 소녀가 허리를 굽혀 무언가를 하고 있다. 뼈에 가죽만 걸친 듯한 앙상한 몰골에 입은 옷과 얼굴은 새까만 땟국이 줄줄 흐른다. 어떤 이가 묻는다.

"거기서 뭐 하니?"

"토끼풀 뜯고 있어요."

"뭐하게?"

"풀죽 해먹으려고요."

"아버지 어머니는 어디 있니?"

"다 죽었어요."

"어쩌다가?"

"굶어서…."

재작년 이맘때쯤 어느 TV채널에서 북한 주민 스스로 암암리에 취재한 다큐멘터리 영상을 입수해 방영한 것이다. 오늘의 북녘 땅 현실을 적나라하게 보여주는 충격적인 현장이었다.

햇볕이 쨍쨍한 바닷가, 우연찮게 파도에 떠밀려 물가로 나온 물고기 한 마리가 퍼덕거리고 있다. 때마침 그곳을 지나치던 한

중년 남자가 보며 말한다.

“어쨌든 네 일이니 너 스스로 해결하도록 하렴. 나는 바빠서 거들 겨를이 없어.”

시간이 좀 지나 물고기의 몸부림이 잦아들 때쯤 한 노파가 목격하고는 “조금만 참고 기다려봐. 파도에 쓸려 도로 바다로 돌아갈지 모르잖니.” 하며 지나친다.

다시 한동안의 시간이 흐른 후, 모래밭을 자박자박 걷던 한 어린 소녀가 이를 보고는 “아이 가여워라. 물고기야 죽으면 안 돼.” 하며 급히 서너 발짝 떨어진 물속으로 살며시 밀어 넣는다.

어느 선진국에는 ‘착한 사마리아인 법’이라는 것이 있다고 한다. 한 유대인이 길을 가다가 강도에게 피습을 당해 쓰러져 있을 때, 그 곁을 오가던 당시 상류층에 속하는 사람들은 모른 척 지나쳤지만, 유대인과 적대 관계에 있던 한 사마리아인이 구해주었다는 성서 속의 이야기에서 유래된 법이라는 것이다. 즉 자신에게 특별한 위험이 닥칠 소지가 없는데도 불구하고 곤경에 처한 사람을 구해 주지 않는 행위를 처벌하는 법으로 ‘구조거부죄’ 혹은 ‘불구조죄’ 같은 것이라 했다.

내 고향 집 대청마루에서 조곤조곤 들려주던 엄마의 옛날 얘기에는 나와 세 살 터울인 첫째 동생이 종종 등장하곤 했다. 동생은 어릴 적에 뼈만 앙상한 채 늘 골골했다고 한다. 가장 큰 이유 중의 하나는 갓 태어났을 무렵에 젖을 충분히 먹이지 못했기 때문이라는 것이다. 그러면서 그 연유에는 나의 탓도 컸다고 했다.

벌써 동생이 태어났는데도 불구하고 엄마 젖을 물고 늘어지는 행동을 근 네 살이 다 되도록 이어갔다는 것이다. 한번은 젖을 떼려는 방편으로 당시 학질 치료제로 쓰던 '금계랍'이란 아주 지독하게 쓴 약을 젖에 발라 두었는데 그마저 다 핥아 먹으면서까지 덤비더라는 것이다. 해서 그때부터 내 별명이 '독종'이라 붙여지지 않았나 싶다. 하지만 여태껏 그 진실을 밝혀내지는 못한 형편이다.

어릴 적부터 형성된 그런 본능적 습성이 잠재의식 깊숙이 각인된 탓인지, 이순을 넘긴 지금에도 길 가다가 우연히 가슴이 풍만한 여성을 보게 되면 나도 모르는 새 시선이 그곳에 쏠려 있음을 깨닫고는 얼른 눈길을 돌려 딴전을 피우게 된다는 사실을 자인하지 않을 수 없다.

하지만 나의 추측으로는 동생의 어릴 적 허약은 먹을거리가 턱없이 부족했던 그 시절, 먹을 만한 거라곤 죄다 자식들 입에 물려주고 정작 어머니 자신은 늘 허기진 채 살아야만 했던 탓에 갓난아기의 배를 채워줄 만큼의 충분한 양의 젖을 생성치 못했던 것이 아닐까 싶은 것이다.

초등학교 선생이셨던 아버지가 생각난다. 그즈음 아버지는 이 둘째 아들의 영양보충을 위해 담임을 맡은 반 학생들에게 모종의 약조를 하고 방과 후 학교 근처의 개울가로 인솔해 가서 각자의 신주머니에 개구리를 닥치는 대로 잡아 담으라고 했다. 그날 저녁 무렵 우리 집 마당에는 꿈틀거리는 신주머니로 가득했다. 엄마는 용감히 개구리들을 해체하러 부엌칼을 들고 마당으로 나가 신주머니 하나를 풀었다. 그러자 이때를 기다렸던 개구리들이 일시에 튀어나와 온 마당을 폴짝거리며 야단법석이었다. 그러나 최후의 한 놈까지 모조리 생포한 엄마는 마지막으로 잡힌 놈을 도마 위에 올려놓고 칼을 들었지만 내려치질 못하셨다. 이 팔딱거리는 목숨을 끊을 용기가 나지 않았던 것이다. 해서 안방에 계신 아버지께 달려가 선처해 달라고 애원했다. 그러자 이내 아버지의 불호령이 떨어졌다. 죽어가는 자식을 살리라고 애써 잡아다준 개구리조차 요리를 못 하는 어미를 어찌 어미라 할 수 있겠느냐는 호통이었다. 결국 엄마는 앞치마로 눈물을 찍으며 눈 질끈 감고 칼을 내리치지 않을 수 없었던 것이다.

그날 이후 우리 집 앞마당의 빨랫줄에는 집게 모양의 개구리

뒷다리가 조롱조롱 걸려고, 마당 가 한 편에는 말린 그것들을 석쇠로 굽는 냄새와 약탕관에 넣고 달이는 구수한 냄새가 그칠 줄을 몰랐다. 그리하여 동생의 몸은 토실토실 살이 오르고 얼굴은 발그레 혈색이 돌았음은 말할 나위도 없다. 그런 부모의 지극한 정성 때문인지 동생은 중·고등학교 시절엔 전국의 태권도 대회를 휩쓸고 다니더니 내일 모레면 이순이 되는 지금도 '50㎞ 울트라 걷기대회'에 참석하는 등 여전히 건재한 근력을 과시하고 있다. 그로 해서 어린 동생 몫인 엄마의 젖을 죄다 뺏어 먹었다는 무거운 죄책감에서 벗어날 수 있게 해준 개구리에 대한 나의 애착은 남다를 수밖에 없다.

'세상은 공평하다'는 말은 아마도 농담이지 싶다. 무대 위에서는 '살기 위해 먹느냐, 먹기 위해 사느냐'는 농을 주고받는데, 무대 아래 한편에선 배곯아 죽은 시신이 널브러져 있고, 다른 한 편에선 영양 과다섭취 탓인 비만이 사회문제화 되고 있다고 난리다.

그 거지 소녀는 무죄다. 사상이라는 것, 이념이라는 것에 대해서는 무지했던 그 소녀는 단언컨대 무죄다. 외려 무고한 사람이 눈앞에서 굶어 죽어가는 것을 강 건너 불구경하듯 팔짱만 끼고 있는 우리야말로 정녕 '착한 사마리아인 법'에 저촉되는 죄인

이 아닐까.

채 2분도 안 되는 짤막한 동영상에 눈시울을 붉히던 시청자들은 그 후 얼마 지나지 않아 그 소녀 꽃제비가 토끼풀을 뜯던 옥수수 밭 부근에서 굶어 죽은 시신으로 발견되었다는 소식에 또 한 번 아린 가슴을 쓸어내려야만 했던 것이다.

'사흘 굶어 남의 담 넘지 않을 사람 없다'고 했던가. 기왕 배곯아 죽을 바엔 무엇이든 훔쳐 먹다가 들켜 매 맞아 죽는 편이 나았을 것을. 그 거지 소녀를 생각하면 지금도 가슴이 저며 온다.

토끼풀의 꽃말이 '약속' '평화'라 했지 아마. 나는 마당가에 던져버린 토끼풀을 슬그머니 주워 마음으로나마 그 꽃제비의 영전에 바칠 반지를 만든다. 내 멋대로 명명한 '평화의 약속'이라는 꽃반지를.

저승 가는 길, 허기져 걷기조차 힘들면 그 반지라도 내어주고 요기나 하고 가라고. 훠이 훠이 한 풀고 가라고.

저물녘

너무 길어도 탈, 너무 짧아도 탈인 것이 우리네 목숨이다.

누구나 행복하게 살 권리가 있고 평화롭게 죽을 권리도 있다. 인간의 기본권으로 행복추구권이 있기 때문이다. 하지만 이것이 자연스레 지켜지는 경우는 드물다 하겠다. 그것은 아마도 삶이 자유의지에 따른 행위인 반면 죽음은 자신의 의지와는 무관하게 진행되는 연유에서가 아닐까 싶다.

두 해 전, 연말 즈음이었다. 시골에 혼자 사는 장모님이 편찮으시다는 갑작스러운 기별이 왔다. 부리나케 달려가 그 지방에 있는 대학병원을 찾았다. 결과는 참담했다. '췌장암 말기, 위암 초기, 담낭 결석, 암이 뼈에 전이, 남은 시간 몇 개월.'

그 주어진 지극히 짧은 기간에도 가족들이 환자를 위해서 해줄 수 있는 일이 전무하다는 사실이 새삼 놀라웠다. 모든 걸 병원의 처사에 내맡길 뿐 다른 선택의 여지는 있을 수가 없었다. 임종을 맞기엔 병원이 가장 합당한 장소가 되어야 한다는 생각은 나 개인적인 바람에 불과함을 느꼈던 것이다.

환자는 수시로 주사기에 찔려 피를 뽑히고 약을 투여 받다 보니 입원 하루 이틀 만에 양쪽 팔이 시퍼렇게 멍이 든다. 해서 혈관을 찾기가 어려워지면 이번엔 주삿바늘이 다리 쪽을 향한다. 환자는 환자대로 괴롭고 보호자는 보호자대로 그 지켜보는 안쓰러움에 마음이 아리다. 그러나 의료진의 표정은 '이렇게 해서라도 주사를 맞고 있으니 지금 살아 있지 않으냐'는 듯 무덤덤하다.

어느 때, 곁에서 시중들다 깜박 졸고 있는데 힘이 다 빠진 아주 작은 장모님 음성이 들였다.

"나, 이제 집에 가고 싶어."

그 말 한마디가 왜 그리도 목이 메게 하던지… 그때 나는 진심이긴 했지만 결국 새빨간 거짓말로 둘러대고 말았다.

"조금만 참아요. 몸이 나아지면 집에 가서 편히 쉴 수 있을 테니…."

몹시 괴로워하는 표정이 역력해 임종의 시간이 가까웠지 않았나 싶은데도 간호사들이 번갈아 들어와 "영상실에 가서 엑스레이 찍고 오세요."

"피를 뽑겠습니다."

"소변을 받아오세요."

"체온을 측정하겠습니다."

"혈압을 재겠습니다." 하며 환자를 잠시도 가만두지 않는다. 차라리 주렁주렁 달린 주삿바늘을 모두 다 빼 던지고 다만 며칠이라도 따뜻한 안방에서 편히 쉬게 해드리고 싶다는 마음이 굴뚝같았다.

결국, 그러던 중 장모님은 저세상으로 떠나갔다. 입원한 지 채 한 달도 안 된 시점이었다. 마지막으로 함께한 시간이 너무 짧았다는 아쉬움이 컸지만, 돌이켜 생각하니 그것이 외려 남은 가족들의 마음에 큰 위안이 되었던 것 같다. 그 짧았던 만큼 고통을 덜 당하고 떠났다는 느낌을 받았기 때문이다.

마지막 숨을 몰아쉬는 순간에도 갈빗대가 부러질 정도의 강한 압박을 가하는 심폐소생술이라는 걸 받으면서 극심한 고통 속에 죽어가는 환자들도 종종 목격한 탓도 있었을 터이다. 그렇게 하여 단 며칠, 몇 주 동안 생명을 연장 시킨들 무슨 의미가 있을까.

'평온하게, 존엄하게 죽음을 맞이하는 것이야말로 삶에 있어서 가장 위대한 성취'라던 마더 테레사 수녀의 말이 문득 뇌리를 스친다.

소아암 병동에 아홉 살 된 소년이 있었다. 백혈병을 앓던 소년은 항암 치료를 받고 골수이식까지 한 상태로 조금씩 호전되어 가는 듯싶다가 어느 날 급작스럽게 상태가 악화하였다. 의사는 남은 시간이 한 달쯤이니 마음의 준비를 해두라고 일러 주었다.

부모는 아이를 그대로 병원에서 치료를 받게 할 것인가, 아니면 집으로 데려갈 것인가를 두고 고민했다. 그러다 문득 아이가 평소에 강아지를 키우고 싶은 것이 소원이라던 말이 퍼뜩 떠올라 즉시 퇴원을 시켰다. 집으로 돌아온 아이는 모처럼 만에 가족과 함께 오붓한 시간을 가졌으며, 마지막 날엔 사랑하는 강아지를 품에 안고 행복한 미소를 지으며 눈을 감았다.

'가야 할 때가 언제인가를 알고 가는 이의 뒷모습은 얼마나 아름다운가'라고 어느 시인은 노래했다지만, 사실 현실에서의 죽음은 그렇게 시적이지만은 않은 게 사실이다.

한 저명한 외과의사는 말했다.

"위엄 있고 훌륭한 죽음은 없다. 병마에 시달리는 마지막 며칠

간은 극심한 고통에 시달리게 된다. 우리가 이렇게 고통스럽게 죽는 것은 생시의 그릇된 행동에 대한 업보가 아니라 단지 생명체 자체가 그렇게 죽어가도록 만들어졌기 때문이다."

사실이 그렇다 하더라도 그 단말마의 고통을 느끼는 정도는 각양하리라 여겨진다. 왜냐면 죽음이란 모든 것의 끝이라는 부정적인 생각에서부터 마침내 육신의 허물을 벗어 던지고 영원한 생명의 길로 들어서는 순간이라 여기는 긍정적인 사고에 이르기까지 천차만별한 층이 있을 테니 말이다.

누구든지 사는 모습 그대로, 그 마음 그대로 죽어간다. 어제의 삶과 오늘의 삶이 별반 차이가 없듯 내일의 죽음 역시 마찬가지일 것이다. 그러므로 죽음이란 곧 삶의 문제로 파악되어야만 하지 않을까 싶다.

그저 속절없이 당하는 피동형의 죽음이 아니라 스스로 준비하고 맞이하는 좀 더 적극적이고 능동적인 죽음이 되어야 하지 않을까 싶은 것이다.

부질없는 상념에 젖어 시간만 축내다 보니 어느새 서산마루에 석양이 걸려 있다. 온종일 하늘을 달려온 여독 탓인지 온통 붉은 색감만으로 서녘 하늘을 물들여 놓은 채.

가시 죽다

애초에 남을 해코지 하려는 뜻은 없었다. 다만 제 몸뚱이 하나 지켜내려는 의도일 뿐이었다. 하지만 그 태생적 본성은 본의 아니게 자기 자신과 타인에게 상처를 입혔던 것은 사실이다. 언제부턴가 내 가슴 깊은 곳에는 가시 하나가 은밀히 자라고 있었다.

한 여인의 부음을 듣는다. 그로 해서 내 마음속에 놓였던 견고하기 이를 데 없는 미움의 벽은 와르르 무너졌다. 그럼에도 후련함보다 허망함이 느껴지는 것은 왜일까.

아주 먼 옛날, 어느 봄날의 교정은 신입생환영회로 떠들썩했다. 그러나 정작 주인공의 한 사람인 나는 여전히 낯선 이방인처럼 그들의 발치에서 저만치 떨어진 곳을 서성이고 있었다. 그러다 갑자기 하늘을 찌를 듯한 폭소와 함성이 터져 나오는 순간, 나는 그 현장의 궁금증에 안절부절못했다. 그러나 큰 원을 그리며 빽빽이 울타리를 친 무리를 비집고 들어가려는 시도는 번번이 실패하고 말았다. 물론 나의 왜소한 체격 탓이다. 하지만 점점 고조되어 가는 열기에 더 이상 참을성을 잃은 나는 그 무리의 꽁무니를 따라 돌다가 가장 느슨해 보이는 곳을 찾아내 막무가내로 머리를 들이밀었다.

아! 그러나 첫 시야에 들어온 그 광경은 너무도 나를 비참하게 만들었다. 차라리 보지 않았으면 좋았을 것을….

그때 문득 한 여성이 떠올랐다. 당시 세간에 유행했던 일명 병신춤의 대가로 불리며 인간문화재로까지 숭앙받던 인물이다. 그러나 그녀는 나에게 있어서만큼은 철저한 미움의 대상일 뿐이었다.

성한 사람이 관객의 흥을 돋우려고 일부러 여러 유형의 장애인 흉내를 내는 춤을 춘다는 사실 자체가 나의 비위를 극도로 거슬렀기 때문이다. 그것은 어쩌면 나의 열등감 내지는 수치심 혹은 모멸감 같은 것인지는 모를 일이다. 그녀의 그런 행위로 인해 수많은 당사자와 그 부모 형제들이 받아야 했을 마음의 상처를 생각하면 도저히 용서할 수 없었던 것이다.

가시는 처음부터 가시가 아니었다. 그것은 기실 연한 잎이거나 줄기였다. 자신의 생명을 지켜내기 위해 신체의 일부마저 스스로 퇴화시켜야만 했던, 뼈를 깎는 아픔이었다. 생존을 위한 처절한 몸부림이었다.

나는 어린이를 무척 좋아한다. 하지만 그들은 때로 낭패감을 안겨다 주는 경계의 대상이 되기도 한다. 엄마의 손을 잡고 마주 걸어오던 네댓 살쯤의 어린아이가 손가락으로 나를 가리키며 '작다, 작다'라고 말했다. 젊었던 시절 같았으면 '너 자꾸 까불면 뼈도 못 추리는 수가 있어' 하는 험상궂은 표정으로 째려보았겠지만, 세월 탓인지 이제는 그저 무덤덤하게 못 본 척 안들은 척 지나치기 일쑤다.

성인들로부터도 무안을 당하는 경우가 종종 있다. 곁을 지나치던 외간여자가 딱 눈을 마주치며 "아저씨, ○○에서 시계방 하는 사람 맞지예?" 혹은 "도장 파는 아저씨 맞지예?"

"아니요!"

"이상하다, 딱 맞는데?" 하며 연방 고개를 갸우뚱거린다. 달갑지 않은 연례행사다. 그럴 때면 으레 무슨 말로든 톡 쏘아주고 싶은 쌀쌀맞고 냉정한 마음에 내 표정은 일그러지고 만다.

사십 대 초반, 서울 살이 시절의 일이다. 퇴근하여 거주하는 아파트 단지에 막 들어서 정갈히 손질된 잔디에 보폭 간격으로 놓인 보도블록 위를 걷고 있었다. 그때 중학생쯤으로 보이는 한 학생이 내 뒤편에서 그 블록을 따라 삼단뛰기 하듯 껑충껑충 뛰어오고 있었다. 어쩌면 나와 충돌할 수도 있겠다는 생각이 드는 찰나 여지없이 나와 부딪치고 말았다.

순간 나는 거의 반사적으로 학생의 뺨을 후려쳤다. 아마도 무시당했다는 생각이 들었던 것 같다. 학생은 자신의 잘못을 크게 뉘우치듯 연방 고개를 숙이며 '죄송합니다. 미안합니다'를 연발했다. 자신의 불찰로 부딪치고만 대상을 그때야 쳐다보니 몸이 성치 못한 사람임을 알고는 더욱 미안한 마음이 들었을지도 모른다. 하지만 나는 추호도 용서할 수 없다는 마음으로 씩씩거리고 있었다. 돌발적이고 즉각적인 나의 응징에 그 아이가 받았을 마음의 상처를 생각하니 수십 년이 지난 지금에도 가슴이 쓰려온다.

어쩌면 허물이란 너무 크면 외려 그 부피에 짓눌려 참회의 눈이 멀어지고, 작을 때에만 기억에 남는 것인지도 모른다. 작은 허물로만 치부했던 그 일이 여태껏 나의 마음을 괴롭히고 있는 것을 보면 말이다.

그것은 어쩌면 열등감과 피해의식을 자양분으로 성장한 내 몸 속 가시의, 본능에 충실한 방어기전이 아니었을까 하는 생각이 들기도 한다. 해서 나는 나의 가시에 대한 가없는 연민의 정을 느낀다.

이제는 진실로 가시와 작별을 고할 시간이 되었음을 감지한다. 이제야말로 내 마음속 '미움의 틀'에 갇혀 신음하던 나 자신을 놓아주어야 할 때가 된 것 같다. 그리고 가시를 뽑은 자리에는 '용서'와 '사랑'이라는 어린 묘목을 심어야 할 터이다.

그날 함성이 울려 퍼지던 교정 한복판에는 일부러 어설픈 복장을 한 사람이 등에 무엇인가를 불룩하게 쑤셔 넣고는 척추장애인 흉내를 내는 춤을 추고 있었다. 순간 은밀한 치부를 기어코 들키고야만 사람의 심정이 된 나는 잠시도 그 자리에 머물러 있을 수가 없었다. 하지만 슬그머니 그 자리를 빠져나가는 행위조차도 만만치 않았다. 그 누군가가 눈치를 채고 내 뒤통수에 대고 '여기 실물이 있다!'고 큰소리로 외쳐댈 것만 같은 두려움이 엄습했기 때문이다.

그녀는 이제 영영 돌아올 수 없는 길을 떠났다. 그 길 걸음걸음, 한평생 장애의 몸을 받아 힘겹게 살다가는 영혼들을 위해 씻김굿 한마당을 펼쳐 훠이훠이 그들의 한을 풀어내어 주었으면 오죽 좋으련만.

이제 내 가슴 속에 있는 가시를 뽑아 소지에 싸서 사르며 그녀의 명복을 비는 나만의 장례를 치른다. 가시 타는 소리가 이명처럼 들려온다.

신의 실수

백수가 외출을 나선다. 면도를 좀 꼼꼼하게 하고 스킨과 로션까지 바른 후, 작은 책가방 하나 챙겨 들고 가볍게 현관문을 민다. 그때 어디선가 누구를 부르는 듯한 희미한 목소리가 반복적으로 들려온다. 귀를 의심하며 사방을 두리번거리던 백수는 너무도 황당한 광경에 까무러칠 뻔하고 만다.

나지막한 흙담을 사이에 두고 있는 바로 옆집 할머니가 자기 집 기와지붕 밑 슬레이트 위에 내복 바람으로 덩그러니 앉아 "아재, 날 좀 살려 주이소. 제발 날 좀 내려 주이소." 하는 것이 아닌가. 순간적인 당혹감에 막 하려던 행위마저 깜박한 백수는 잠시 머리를 갸우뚱거리다가 읍내 공공도서관에서 한 달에 딱

한 번 하는 수필창작 강의를 하러 가던 중임을 깨닫고는 '아무리 그래도 내 일이 먼저다'는 구실로 눈 딱 감고 대문을 밀고 나간다. 언제, 어느 책에서 읽었는지조차 기억이 희미한 한 이야기가 문득 떠오른다.

어스름할 무렵 동구의 느티나무 아래 아이들이 옹기종기 모여 얘기들을 나누고 있다. 한 아이가 '세상에서 제일 무서운 것은 무얼까?' 하고 질문을 던진다. 그러자 여기저기서 호랑이, 귀신, 도깨비, 원자폭탄 하며 무서운 것들을 마구 쏟아낸다. 하지만 아이들은 만족한 답이 아니라는 생각에 때마침 그곳으로 걸어오는 한 노인에게 묻는다. 노인은 한참을 생각하다가 '망각이지'라고 말한다. 젊은 날의 소중한 기억도, 사랑하는 사람의 얼굴도, 그 사랑하던 마음조차도 깡그리 잊어버리는 망각이야말로 이 세상에서 가장 무서운 것이라 일러준다.

무료감에 시달리던 어느 날, 자전거를 타고 집에서 그리 멀지 않은 단골 공원을 찾았다. 지금의 '소라보공원'이라는 예쁜 제 이름표를 달기 전까지만 해도 내 멋대로 '무룡공원'이라 명명하던, 인적이 드문 아담한 생활체육공원이다.

언제나처럼 불평 한마디 않고 한량없이 손님을 기다리는 예닐곱 대의 체력단련기구에 차례로 올라 적당한 분량의 운동으로

부실한 몸뚱이를 단련시키고는 그늘진 벤치에 앉아 땀을 식히고 있었다. 그때 역시 자전거를 몰고 온 한 남자가 눈인사 하고 옆 자리를 잡은 뒤, 나이는 몇인가 하고 말을 붙여왔다. 이순을 넘겼다고 심드렁히 말하니 대답 대신 쓱 모자를 벗는다. 속알머리가 없었다. 순간 터지는 실소를 가까스로 억제하고는 결례를 할 뻔한 미안함에 다소곳이 자세를 고쳐 잡는다. 아직도 정정해 보이는 그분은 여든셋으로 근래 들어 보청기까지 착용하게 되었다며 말귀를 잘 못 알아듣더라도 이해해 달라고 한다. 그러면서 '신은 실수했어!' 하며 단언적인 의미심장한 말을 불쑥 꺼냈다. 이어질 그의 말이 자못 궁금해진 나는 좀 더 다가앉으며 귀를 기울였다.

"신은 애초부터 부부는 같은 날 같은 시각에 죽도록 만들어 놓았어야 했어. 남은 한쪽이 받아야 할 고통을 생각해서 말이야."

그는 작년에 아내와 사별하고 지금은 이 근처에 사는 막내아들 집에 얹혀살고 있다면서 "있을 때 잘해 주게. 혼자되고 나니 그동안 잘못한 것들만 자꾸 떠올라 마음이 괴로워 죽겠어." 한다.

짧지 않은 만남을 가진 후, 다시 강변을 따라 돌아오는 동안에도 그 대화의 여운은 이어졌다. 어차피 한 이불 밑에서 수십 년을 함께 살아온 부부는 자웅동체의 생물체처럼 한 몸으로 보아도 무방하지 않을까 싶었던 것이다.

성서에도 '천지 창조 때부터 하느님께서는 사람을 남자와 여자로 만드셨다. 그러므로 남자는 그 부모를 떠나 자기 아내와 합하여 둘이 한 몸이 되는 것이다'라고 기록되어 있지 않은가. 아무리 생각해도 그 일만큼은 '신의 실수'가 분명한 듯싶었다.

해서 내 임의대로 신의 실수로 치부해버리고 나니 한결 마음이 가벼워짐을 느꼈다. 절로 나오는 콧노래에 밟는 페달의 장단을 맞추다 보니 시나브로 일주의 마지막 코스인 쉼터에 이른다. 강가로 내려가는 편편한 돌계단 위에 앉아 신발도 모자도 저만치 내던지고 빈약한 가슴마저 스스럼없이 열어젖힌 채 남은 물 한 모금 마시려고 물통을 집어 들었다. 바로 그때였다. 어디선가 여자의 앙칼진 목소리가 들려왔다. 순간, 동작을 멈추고 진원지인 바로 강 건너편의 넓은 공터로 시선을 보낸다.

"이노무 새끼, 니가 나한테 이럴 수 있는겨. 이 호로노무 새끼. 차라리 날 쥐기라. 얼릉 쥐기라 안 카나." 하며 할머니가 바리바리 악을 쓴다. 사연이 궁금해 잠시 지켜보기로 했다. 사내가 할머니를 앞에 세우고는 얼른 네댓 걸음 뒤로 물러나서 어서 자기 쪽으로 오라고 손짓을 한다. 그러자 할머니가 곧 쓰러질

듯 휘청거리며 다가가 안긴다. 그러자 그 남자는 얼른 이전처럼 몇 발짝 뒤로 물러서서 또다시 다가오기를 재촉한다. 할머니가 어릴 적 젖 빨던 힘까지 다 짜내어 죽을 둥 살 둥 다가가면 또 폴짝 떨어지면서 다가오라며 애를 태운다. 그러자 인내에 한계를 느낀 할머니가 고래고래 소리를 질러 되기 시작한다. 미뤄 짐작건대 이들은 모자지간으로, 점점 기력이 쇠해져 거동에 불편을 느끼는 노모를 호젓한 강변으로 모셔와 걷기운동을 시키는 것이 분명해 보였다. 가슴 짠하면서도 실없는 웃음이 절로 나는 묘한 광경이었다.

저녁 무렵, 한갓지게 마당에 놓인 나무의자에 앉아 커피 한잔 마시고 있을 때쯤 옆집 할머니 댁에 네댓 명의 가족이 방문하는 소리가 들렸다. 낮은 담 너머로 한 남자가 할머니의 아들 된다며 말을 건네 왔다. 몇 달 전에 치매 같은 낌새가 느껴져 가까운 병원에 달포 가량 입원을 시켰었는데 거기서는 별다른 이상을 발견할 수 없다며 퇴원을 권해 집으로 모셔왔다고 했다. 그 후로 지금까지 별 탈 없이 잘 지냈는데 어젯밤 갑자기 무서워서 잠을 못 자겠다며 빨리 와서 문을 잠가 달라기에 한밤중에 달려와 방문을 밖에서 자물쇠로 잠가주고 갔었다고 한다. 그러면서 어떻게 저 좁디좁은 다락방 유리창을 부엌칼로 깨고 나가 지붕 밑 슬레이트 위에 앉아 있게 되었는지 참으로 귀신이 곡할 노릇이라며 소란을 피워 죄송하다는 말을 수차례 하고는 아무래도 내일에는 노인요양원에 입원을 시켜야 할 것만 같다고 했다.

한동안 대책을 강구하던 가족들이 돌아가는 소리를 들으며 '처음엔 이름, 다음엔 얼굴을 잊는다. 이어 지퍼 올리는 것을 잊고, 다음엔 지퍼 내리는 것을 잊는다'라고 한 누군가의 소름 끼치는 경구를 떠올리며 늙음의 주 증상인 망각의 폐해에 대한 잡다한 생각에 빠져들고 있었다. 그때였다. 스르르 그 할머니 집 창문이 열리는 소리가 들리더니 "아재, 아재 또 올낀데 우짜만 존노. 아침에 마 경찰서에 연락했뿌렀으면 끝났제. 자가 와 저리 변했을꼬. 넘사스러워 말도 못하겠꼬." 하는 것이 아닌가. 순간 온몸에 전율이 느껴졌다. 정신이 말짱한 어머니가 자식을 탓하는 얘기가 아닌가. 나는 잠시 얼이 나간 사람처럼 멍하니 쳐다만 보다가 아무런 대꾸도 못 한 채 얼른 집 안으로 들어와 현관문을 꽉 잠가 버렸다.

할머니도 짝인 영감님이 저세상 떠날 적에 퍼뜩 따라나섰더라면 저런 수모는 당하지 않았을 것 아닌가. 이런 생각이 들자, 또 그놈의 '신의 실수'가 꼬리를 물고 머릿속을 맴돌아 쉬 잠을 이룰 수가 없었다.

부부는 한 몸임을 선언한 그 성서 구절에 이어 '그러므로 부부는 한날한시에 죽도록 한다'라는 단 한 줄의 단서만 달아두었더라면 하는 아쉬움을 못내 떨쳐버릴 수 없었던 긴긴 밤이었다.

며느리밥풀

팥죽을 먹는다. 살짝 언 동치미를 곁들이니 별미다. 쫄깃한 새알심을 씹으며 맛을 음미하자니 불현듯 옛 기억 하나가 떠오른다.

아주 오래전, 중학생 시절이었다. 이른 아침 여느 때처럼 골목길을 따라 학교로 향하고 있었다. 그때 길 한 모퉁이에서 웬 아주머니가 울고 있는 모습이 눈에 들어왔다. 그녀는 맨발에 얇은 겉옷만 걸친 채 오들오들 떨고 있었다. 어린 마음에도 이 추운 날씨에 저러다가는 얼마 못 가서 얼어 죽고 말거란 생각이 들었다. 나는 그녀를 우리 집으로 데리고 가서 어머니에게 보살펴 드리라는 부탁을 하고는 서둘러 학교로 갔다.

그날 수업시간 내내 그 아주머니의 사연이 궁금했던 나는 수업을 마치자마자 집으로 달려가 어머니에게 얘기를 재촉했다. 그날이 마침 동짓날이라 그 여인은 아침에 팥죽을 쑤었는데 가난한 살림 탓에 새알을 넣지 못했다. 그랬더니 시어머니가 '이것도 팥죽이라고 끓였느냐'며 벼락같이 화를 내면서 집 밖으로 쫓아냈다는 것이다.

엄마는 가련한 그 여인에게 아침과 점심을 대접하고 신던 헌 고무신을 신겨주며 위로해 주었다고 했다. 그녀는 "이 은혜는 평생 잊지 않겠습니다. 학생에게도 고맙다는 말씀 꼭 전해주세요." 라는 말을 남기고 몇 번이나 뒤를 돌아보며 떠났다고 한다. 나는 그 아주머니가 무사히 집으로 돌아가서 시어머니와 화해를 하고 다시는 쫓겨나는 일 없이 무탈하게 살아가기를 간절한 마음으로 기도했다.

옛날 옛적 이야기 하나가 생각났다. 홀어머니가 외아들을 장가들였다. 마음씨 고운 며느리는 시어머니를 극진히 모셨다. 그러나 시어머니는 아들의 지극한 효심이 며느리를 들이고부터 식었다면서 갖은 구박을 했다.

어느 날 아들이 과거시험을 보러 간 중에 시아버지 제삿날이 되었다. 며느리가 밥을 짓다가 뜸이 잘 들었나 보려고 솥뚜껑을 열고 밥알 몇 개를 입에 넣고 씹었다. 이를 몰래 지켜본 시어머니는 버릇없이 제삿밥에 먼저 입을 대었다고 타박하며 모질게 몰아세웠다. 그 등쌀에 견디다 못한 며느리는 시름시름 병을 앓다가 죽고 말았다.

과거에 급제하여 금의환향한 아들은 아내의 속절없는 죽음 앞에 하염없이 눈물만 쏟을 뿐이었다. 이듬해 봄이 되자 그 무덤가에는 여인의 붉은 자줏빛 입술을 닮은 꽃잎 위에 흰 밥알 두 개를 올려놓은 듯한 꽃이 피었다. 마을 사람들은 효성이 지극한 며느리가 억울하게 죽은 것이 한이 되어 밥알을 물고 꽃으로 환생했다는 것이다. 들꽃 '며느리밥풀'에 얽힌 슬픈 전설이다.

'거미가 줄을 타고 올라갑니다. 비가 오면 끊어집니다. 해님이 방긋 솟아오르면 거미가 줄을 타고 내려옵니다.'

여태 음치의 수준을 벗어나지 못한 아내가 학습자들에게 배워줄 동요를 연습하고 있다. 부족한 소질에도 부단한 노력을 기울이는 모습에 가상함이 느껴진다.

아내의 직업은 '건강가정사'이다. 사회복지사란 직함에 최근 들어 하나가 더 추가된 것이다. 나는 왠지 이 생소한 직업에 호감이 갔다.

요 몇 해 사이, 우리 주변에는 다문화가정이 부쩍 늘었다. 경제수준이 우리보다는 낮은 국가에서 '코리안 드림'을 품고 이 땅으로 건너온 결혼이주여성들이 많아졌기 때문이다. 사실 그들은 국경을 초월한 애틋한 사랑을 구해서 이곳으로 온 것은 아니다. 자신과 부모, 형제들의 생계를 위해 물설고 낯선 생면부지의 이국땅을 밟게 된 것이다. 그러다 보니 자연히 언어와 문화적 차이에서 오는 갈등으로 하여 가정적인 문제가 생겨나고, 그로 해서 사회적인 문제로까지 발전하는 경우도 있다.

지구 저편과 이편에 살던 남녀가 어렵사리 마련한 한두 번의 대면으로 혼인을 하여 한 이불 밑에 살다 보니 자연히 말도 많고 탈도 많다. 하여 웃지 못할 일화도 심심찮게 듣게 된다.

한국에 온 지 2년 차에 접어든 어느 여성은 한국말을 조금은 알게 되었다. 그런데 이웃 할머니가 놀러 오자 시어머니가 아직도 며느리가 말귀를 못 알아듣는 줄 알고 며느리에 대한 있는 흉 없는 흉 들먹이며 다 까발렸다. 아내가 방문하자 그 학습자는 말했다.

"시·어·머·니 나·빠·요. 나, 이·혼·하·고 싶·어·요."

결혼한 지, 채 일 년이 안 된 어린 새댁이 향수병에 걸렸다. 그래서 한 번만 고향에 다녀오도록 해달라며 신랑한테 애걸복걸했다. 그럴 때마다 남편은 알아들을 수 없는 말을 늘어놓으며 어물쩍 넘어간다. 아내가 들르자, 어떤 말로 확답을 받아야 하느냐고 물었다. 아내는 '확실히 대답해 주세요'라고 일러 주었다. 그러자 그녀는 수업 내내 그 말을 잊어버릴까 봐 '확실히! 확실히!'만을 반복하더란다.

어느 날은 늦게까지 수업을 하고 파김치가 되어 돌아온 아내가 방바닥에 드러누워 잠시 눈을 붙이는데 전화가 왔다. 엿들으니 '야' '너'라는 말을 시어른한테 하면 왜 안 되느냐는 긴박한 질문이었다.

길을 걷다 우연히 가로수에 걸쳐진 현수막 하나를 보았다.

'절대 도망 안 감. ○○○처녀. 국제결혼'

금방 이해가 되지 않아 다시 한 번 쳐다보는 순간 가슴이 너무 아려서 얼른 외면하고 말았다. 사람이 분명 금수가 아닐진대….

나는 그때 처음으로 인간으로 태어난 것이 부끄럽다는 생각이 들었다. 짐승 중에 가장 잔인한 짐승이 인간이라 했던가. 자식을 낳았다고 다 부모가 아니듯 인간으로 태어났다고 다 인간이 아님을 절절히 느꼈던 것이다.

세상은 하루가 다르게 변모하고 있다. 이 푸른 별, 지구는 어느새 하나의 촌락을 이루고 있다. 우리는 예부터 단일민족이라는 자부심이 매우 강한 나라였다. 하여 타 민족이나 국가에 대해서는 지극히 폐쇄적이고 배타적이었다.

미국 슈퍼볼의 영웅 하인즈 워드는 다문화가정 출신이다. 그를 홀로 키운 한국인 어머니는 "내가 워드를 데리고 한국에 왔었다면 어떻게 됐을까. 아마 그놈은 거지밖에 안 됐겠지."라는 자조적인 말을 했다고 한다.

이제는 우리도 시대적 변화의 흐름에 걸맞은 국민의식을 가져야 하지 않을까. 점점 늘어나는 다문화가정에 대한 배려와 애정 어린 시각이 절실한 때인 것 같다. 그리하여 제2, 제3의 워드가 이 땅에서 속속 탄생하기를 희망해 본다.

건강가정사의 소임은 이런 가정들을 방문하여 한국어를 가르치고 부모교육을 통해 아동 양육에 도움을 주는 일이다. 그리고 그들이 부닥치는 제반 문제들을 상담해 주고 생활에 필요한 다양한 정보를 제공하는 것이다.

보시(布施) 중에 제일가는 보시는 법시(法施)라 했다. 당장의 물질적인 도움보다는 생활의 지혜를 체득하게 하는 건강가정사란 직업이 참으로 장하다는 느낌을 받는다. 그녀들이 한국생활에 잘 적응하여 사랑스러운 아내로서, 자애로운 어머니로서 그리고 자랑스러운 며느리로서 건강한 가정을 꾸려나갔으면 좋겠다.

며느리밥풀! 이름만 떠올려도 그 옛날 추운 겨울 신발도 없이 울고 섰던 그 여인을 생각나게 하는 꽃이다. '여인의 한'이라는 꽃말처럼 모진 시집살이를 하다 간 우리네 어머니를 닮은 꽃이여.

강화물

손전화기가 부르르 몸을 떤다. 메시지를 읽는다. 발표가 났으니 어서 홈페이지에서 당락을 확인하라는 내용이다. 금세 가슴이 벌렁거린다. 결과는 당선 아니면 낙선일 테니 확률은 반반이다. 하지만 팽팽한 긴장감이 느껴진다. 아마도 수많은 응모자 중 입상권에 든 사람은 소수의 선택된 자들뿐임을 익히 알고 있기 때문일 것이다.

미국의 심리학자 스키너는 쥐를 대상으로 조건반사 실험을 했다. 실험상자 안에 쥐를 가두고 이리저리 움직이다 우연히 레버를 밟게 되면 먹이가 쏟아져 나오게 해 놓는다. 그러면 쥐는 수차례의 시행착오를 거쳐 레버를 누르면 먹이가 나온다는 사실을 알아채고는 그 누르는 행동을 멈추지 않는다.

이번에는 실험을 약간 변형시킨다. 즉 레버를 누를 때마다 먹이가 나오는 것이 아니라 여러 번 밟는 중에 한 번 정도 나오게 한 것이다. 이 경우에도 쥐는 누르는 행위를 멈추지 않았다. 그러나 이때 쥐의 심리는 앞서 와는 달리 '이번에는 설마…' 하는 마음으로 레버를 누르게 된다는 것이다. 그는 인간이 도박에 빠져드는 심리도 이와 같은 이치라고 설명한다. 이때의 먹이를 심리학 용어로는 '강화물(强化物)'이라 한다. 말하자면 잘한 행동을 반복적으로 잘하게끔 하는 자극물을 뜻한다.

이는 우리 인간사회에서도 마찬가지로 적용된다. 가령 글짓기 대회에서 우수한 글을 써냈거나 음악 대회에서 노래를 잘 부른 몇몇 사람을 뽑아 상장이나 상금을 수여하며 칭찬의 말로 그 공로를 치하하게 된다. 이때 상장과 상금, 칭찬이 바로 강화물에 해당하는 것이라 하겠다.

약간 들뜬 기분으로 컴퓨터 앞에 앉는다. 요행히 수상자 명단에 내 이름도 끼어 있다. 가작(佳作)이다. 등단 후 처음 받아보는 문학상이다. '와우, 왔다다!' 하는 기쁨도 있었지만 '에이, 고작 이거야' 하는 실망감도 없지 않았다. 그 감정의 갭은 등급에 따른 상금이 엄청나게 차이가 난다는 사실을 확인하는 순간 더

커졌다.

가작은 입상권 중 최하위 등급이 분명하지만, 일부러 사전적 의미를 들춰 보았다. 뜻밖이었다. '매우 뛰어난 작품' '당선 작품에 버금가는 작품'으로 나와 있지 않은가. 적잖은 위안이 되었다. 새삼 우리 선조의 지혜에 탄복하지 않을 수 없었다. 세계 최상의 선진국에서는 성적을 매길 때 A, B, C, D 그리고 F로 표기한다. 물론 최하를 뜻하는 F는 실패(failure) 즉 열등, 낙오를 일컬음이다. 반면 우리는 수(秀), 우(優), 미(美), 양(養) 그리고 가(可)로 매긴다. 맨 꼴찌 등급조차도 '가능성'의 '가'로 구분한다. 아량과 여유, 격려의 뜻이 내포된 참으로 아름다운 표현이라 아니할 수 없다.

문단에 발을 들여 놓은 지 십여 년의 세월을 훌쩍 넘긴 이즈음 나도 문인으로서 인정받고 싶다는 마음이 일었다. 해서 근래 들어 몇몇 문화예술 관련 단체가 주관하는 창작지원금 신청이나 수다한 문예지들의 공모전에 응모해 보았다. 하지만 그럴 때마다 '수상경력' 난이 문제였다. 어쩌면 가장 중요한 변수라고 할 수 있는 이 부분을 공백으로 남겨야 할 때면 뒷간에 들어가 일을 보고 나서도 마무리를 하지 않은 것처럼 여간 찜찜한 것이 아니었다. 이러한 시점에서 가작이란 상은 그야말로 가뭄의 단비 그 자체였던 것이다. 사실 나에게도 상을 받을 기회가 통 없었던 것은 아니다.

작년 이맘때쯤 서울 근교에 있는 한 문학 잡지사에서 적지 않은 상금을 내걸고 기성작가를 대상으로 한 전국 규모의 공모를 했다. 나도 신작수필 서너 편을 들고 그 대열에 끼어들었다. 거의 발표일이 임박했던 어느 날, 그 문학상을 주최한 실질적 책임자라는 분이 전화를 해왔다. 제출한 작품들을 소상히 검토해 본 결과 우수한 작품들로 충분히 상을 받을 만한 가치가 있는 것으로 판정된다고 하면서 "헌데 수상 경력이 전혀 없으시네요." 했다.

자칭 타칭 적잖은 세월을 작가 행세를 해 오면서도 상 쪼가리 비슷한 것이라곤 구경조차 못해본 처지이니 꿀 먹은 언어 장애인이 되지 않을 수 없었다. 그러자 "본상은 좀 어려울 것 같고 금상 정도는 줄 수 있을 것 같은데…." 하는 것이 아닌가. 정신이 번쩍 들 만한 그의 언사에 즉시 자세를 다소곳이 고쳐 잡으며 촉각을 곤두세웠다. 그분은 대화의 말미에 "시상식 날의 연회를 위해 후원금 조로 이백만 원 정도는 희사할 수 있겠지 했다" 순간 가슴이 철렁 내려앉았다. '그런 돈이라면 먹고 죽으려도 없소' 하는 말이 목구멍까지 치밀어 올랐지만, 물고기 눈앞에 던져진 꿈틀거리는 지렁이처럼 그 상이란 강화물이 눈에 아른거려 잠시 뜸을 들이며 머리를 굴리다가 불쑥 이런 제안을 했다.

만약 제시한 바대로 해당 상금 이백만 원을 받게 된다면 그 즉시 봉투째 후원금으로 내놓겠다고 말이다. 그러자 그분은 버럭 화를 내면서 "이 사람 통 말귀를 못 알아듣는구먼. 이 정도의 상이면 지금 당장에라도 돈 보따리 싸들고 비행기 타고 날아오겠다는 사람들이 줄 서 있어." 하며 일방적으로 전화를 끊어버렸다. 이전에도 비슷한 경험을 해 본지라 '지지리도 상복이 없는 인간'임을 자처하며 살아오던 터였다.

수상자 명단에 이어 심사평과 심사위원의 이름이 나 있었다. 수필부문의 심사위원은 베스트셀러 작가로 알려진 남자 소설가 한 분과 저명한 여류수필가 한 분 해서 두 분뿐이었다. 나는 어떻게든 감사의 마음을 전하고 싶어 문인 주소록을 뒤져보았는데 여류 수필가의 주소만 나와 있었다. 해서 그분께만 졸저인 첫 번째 수필집을 보내드렸다. 그러자 며칠 지나지 않아 그 여류작가는 예쁜 사인을 한 자신의 수필집 한 권을 보내주셨다. 너무도 황송한 마음에 그 즉시 전화를 걸어 보내주신 옥저를 감사히 받았음과 일전의 모 공모전 심사에서 가작으로 뽑아 주심에 대한 감사의 말을 건넸다. 그분은 그때 응모한 작품의 제목이 무엇이었냐고 물으셨다. 해서 단 한 자인 무엇이라고 말했다. 그러자 깜짝 놀라며 '그 작품에 대해서는 할 얘기가 너무 많은 사람'이라고 하였다. 얘기인즉슨, 응모작 중에는 가장 출중해 보여 일찌감치 큰 상감으로 지목했다는 것이다. 그런데 어찌 된 일인지 같이 심사하던 남자분이 등외로 탈락시켜 놓은 상태였다고 한다. 해서 몇 차례 더 격론을 벌였지만, 결국 가작이라도 주자는 선에서 타협을 보았다는 것이다. 그녀는 수필가이면서도 자신의 소신을 끝까지 지켜내지 못한 안타까움에 그날 밤, 잠도 제대로 이룰 수 없었다면서 꼭 내년에 재도전해서 명예를 회복해 보라는 격려의 말도 잊지 않았다. 나는 감읍했다. 그 작품이 최우수상을 받았든 가작을 받았든 결코 작품성은 달라질 수 없음을 알기에 주어진 상을 감사한 마음으로 받아들였던 것이다.

상은 강화물의 일종일 뿐, 그 이상도 그 이하도 아니다. 아무리 근사해 보이는 상이라도 취사선택할 줄 아는 안목이 있어야 하지 않을까.

이제라도 그 강화물에 대해 좀 더 의연한 자세로 바라보고 싶다.

그날엔

'부의금은 정중히 사절합니다. 고인의 유언입니다.'

근래에 본 일본 다큐멘터리영화 「엔딩노트」의 한 자막이다. 주인공은 예순아홉 살의 남자로 말기 위암 선고를 받았다. 그는 그리 길지 않은 여생을 위해 몇 가지 계획을 세운다.

첫째, 엔딩노트 쓰기. 둘째, 손자들 머슴 노릇 실컷 해 주기. 셋째 장례식장 사전 답사 및 초청자 명단 작성하기. 넷째, 소홀했던 가족과 행복한 여행하기……. 그리고 마지막 열 번째, 쑥스럽지만 아내에게 사랑한다 말하기.

그는 성당에 다니는 막내딸에게 부탁해 신부님을 면담하는 자리에서 세례를 받고 임종도 가톨릭 식으로 맞고 싶다는 의사를 밝히며, 대대로 불교를 믿어온 집안이었는데 괜찮겠냐고 묻는다. 그러자 신부님은 "나의 부모님도 독실한 불교 신자이셨어요. 아무런 상관이 없습니다. 어떤 종교든 근원은 같으니까요." 하며 별달리 교리 공부를 많이 할 필요는 없고 제시하는 몇 가지 주요 기도문을 자주 암송하라고 일러준다.

그는 세운 계획들을 하나하나 차분하게 실행해 나간다. 그해 말 병원 침상에서 조용히 임종을 맞을 채비를 하고 세례를 줄 신부님을 기다린다. 그러나 신부님은 나타나지 않고 뜻밖에도 막내딸이 평소 아버지가 마음에 두고 계시던 세례명으로 대세(代洗)를 준다. 이제 애별리고(哀別離苦)의 순간, 가족들은 그 큰 슬픔을 내색하지 않으려 애쓴다. 본인 또한 가벼운 농을 던지며 웃음 띤 행복한 얼굴로 떠난다.

새 달력이 필요했다. 자질구레한 것까지 기록해 두는 좀스러운 습성이 있어 메모공간이 좀 넉넉한 탁상달력이 절실했다.

예년 같으면 세밑이나 정초 사이 어떤 경유를 통해서든 적어도 한두 편은 선물로 받곤 했는데 올해는 어찌 된 일인지 해가 바뀌고 보름이 지나도록 깜깜무소식이었다. 며칠만 더 기다려보고 여의치 않으면 직접 사러 간다고 마음의 결정을 내리고 있을 때 "이거라도 괜찮겠어요?" 하며 아내가 어디서 구했는지 탁상달력을 두 개씩이나 불쑥 내민다. "괜찮다마다. 역시 당신뿐이야." 하며 평소에 아끼던 알랑방귀까지 뀌며 반겼다. 봉투에서 꺼내 받침대를 펴고 책상 위에 턱하고 세우니 전체의 크기, 넉넉한 메모 공간, 음력표시까지 어느 것 하나 나무랄 데가 없었다. 입을 귀에 걸어 놓은 채 흡족한 기분에 턱을 괴고 시선을 찬찬히 아래쪽으로 내리며 살피던 중 나도 모르게 아! 하는 탄식을 쏟고 말았다. 크고 굵은 글씨체로 '○○전문장례식장'이라는 상호를 발견했기 때문이다. 첫 장만 그런 것이 아니라 열두 장 모두가 판박이였다. 일 년 내내 일기장처럼 만지작거릴 달력으로는 왠지 마땅치 않다는 생각이 들었다. 해서 궁리 끝에 앞쪽 한두 장만 그 부분을 은박지 테이프를 붙여 쓰다가 다른 달력이 들어오면 교체하기로 마음먹었다.

가까이 지내는 문우들과의 신년모임이 있는 한 한정식 식당에 들렀을 때였다. 그날따라 운 좋게도 회원 중 최고 미모의 젊은 여성이 옆자리에 앉아 주었다. 한 차례의 진지한 회의가 있은 후, 잠시 숨을 고를 즈음에 그 여성이 "선생님 선물 하나 드리겠어요." 하며 정성스레 포장한 작은 곽 하나를 내밀었다. 특별히

나에게만 주는 눈치라 남들의 시선을 피해 식탁 아래로 내려 힐끗 살피니 예의 '○○전문장례식장'이라는 상호가 적혀 있지 않은가. 왠지 또 마음이 께름칙해져서 그 여성이 화장실에 간다며 잠깐 자리를 비운 사이 포장을 뜯고 곽을 열어보니 볼펜이 들어 있었다. 해서 볼펜만 꺼내고 포장지와 곽을 얼른 쓰레기통에 버렸다. 나중에 집에 돌아와 그 볼펜이 생각나 끄집어내 보니 그 몸통에도 큰 글씨체의 상호와 전화번호가 여지없이 콱 찍혀 있는 게 아닌가. 몇 번을 망설인 끝에 결국 그 새 볼펜도 잘 쓰지 않은 필기구만 모아두는 필통에 팽개치고 말았다.

그때 잠시 생각에 빠져들었다. 나의 의식은 왜 이렇게까지 죽음을 기피하고 싶어 하는가. 저 위대한 계몽 사상가였던 볼테르의 '인간은 자기가 죽으리라는 것을 아는 유일한 종(種).'이라는 선언을 익히 알면서도 말이다. 어쩌면 죽음을 터부시하는, 아니면 나의 죽음만큼은 생각하고 싶지 않다는 혹은 나의 그날만큼은 먼먼 날의 일로 치부하고 싶은 잠재의식의 작용 때문이 아니었을까 싶었다.

'네가 젊었을 때에는 스스로 허리띠를 매고 원하는 곳으로 다녔다. 그러나 늙어서는 네가 두 팔을 벌리면 다른 이들이 너에게 허리띠를 매어 주고서, 네가 원하지 않는 곳으로 데려갈 것이다.'라고 성서에도 기록되어 있지 않던가. 노후가 이러할진대 사후 그 시신의 처분은 오죽하겠는가.

이십 세기 최고의 천재로 알려진 아인슈타인이 칠십육 세를 일기로 타계하자 많은 의학자는 이 대천재의 뇌에 비상한 관심을 갖게 되었다. 결국, 그의 뇌는 유가족들의 만류에도 불구하고 그들의 손에 의해 이백 사십여 조각으로 분해되고 말았다. 그의 뇌에서 천재라는 단서를 꼭 찾아내겠다는 명분을 들었지만, 그들은 결코 그 어느 부분에서도 그러한 단서를 발견하지는 못했다. 그 통에 애꿎은 대 천재의 뇌만 산산조각이 났을 뿐.

법정 스님은 「미리 쓰는 유서」라는 수필에서 '생명의 기능이 나가버린 육신은 보기 흉하고 이웃에게 짐이 될 것이므로 조금도 지체할 것 없이 없애 주었으면 고맙겠다. 그것은 내가 벗어버린 헌 옷이니까.'라고 말했다.

나라의 땅덩어리가 그리 넓지도 않은 우리나라에서는 매년 여의도 한 배 반쯤의 땅이 묘지화 되고 있다고 한다. 그뿐만 아니라 묘지의 돌 장식이나 납골시설의 범람으로 인한 자연 훼손의 문제가 심각한 지경에 이르렀다는 것이다.

이쯤에서 나의 그날에 대해 간략한 언급을 해야만 될 것 같다. 나의 주검도 가차 없이 화장하고 그 뼛가루는 내 일상의 산책길, 자전거길인 청도천 변에 놓인 고평교, 소라교, 파랑새다리 등에서 뿌려주면 좋겠다는 것을.

가톨릭 신자이니만치 되도록이면 성당의 영결미사로 마감해주길 바라지만, 여의치 않을 경우 가장 손쉬운 수단을 취해도 무방하겠다. 물론 제사상 같은 것은 절대 금물임은 말할 것도 없으리라. 그리고 그날엔 처자식과 형제자매들의 배웅을 받으며 조용히 떠나길 소망한다. 혹 기별이 닿고 시간적 여유가 있어 참석하는 분들이 있을지 몰라 미리 알리는 바는 '부의금은 정중히 사절합니다.'는 것이다. 잘 아시겠지만, 나에게는 그 채무를 이행할 내일이 없는 까닭이다. 덧붙여 '빚지고는 못 사는 깐깐한 성깔의 위인'임을 양해하여 대승적인 차원에서라도 부디 그리해 주기를 간곡히 소망한다. 그리고 그대와 나 사이의 행복했던 순간만을 떠올리며 웃는 낯으로 기꺼이 보내주길 바라마지 않는다.

그럼 사랑하는 그대여, 오늘 밤은 이만 총총.

민들레 향기 품고 피어난 정화(精華)

- 김무룡 수필집 『멍』을 읽고

곽흥렬

(수필가 · 동리목월문예창작대학 교수)

1. 펼치며

"글은 곧 사람이다"

일찍이 프랑스의 박물학자이자 철학자였던 뷔퐁이 한 명언이다. 이 말은 너무도 유명하여 조금이라도 글에 관심을 두고 있는 분이라면 익히 알고 있을 성싶다. 필자가 이 말을 모두에서 언급하는 것은 그만한 이유가 있기 때문이다.

우리는 흔히 문학의 5대 장르를 이야기할 때 시, 소설, 희곡,

수필, 평론을 든다. 이들 가운데서 뷔퐁의 말에 가장 잘 들어맞는 장르가 바로 수필이 아닌가 한다. 수필은 자신의 체험을 바탕으로 사유를 버무려 인생의 의미를 발견해 내는 문학이다. 따라서 수필만큼 그의 사람됨을 확연히 드러낼 수 있는 장르도 없다고 하겠다. 이것이 다른 장르에 대한 수필만의 특성이며, 동시에 강점이기도 하다. 여기에 대해서는 누구도 이의를 달지 못하리라고 믿는다.

2. 삶의 수필, 수필의 삶

김무룡 수필집 『멍』을 보면 모두에서 언급한 뷔퐁의 말이 아주 잘 들어맞는다 싶다. 그의 수필집에서 가장 큰 미덕으로 내세울 수 있는 것이 진솔성이다. 그는 자신의 약점 혹은 치부를 애써 감추려 들지 않는다. 이 점이 독자들에게 가장 큰 흡인력으로 작용한다. 독자들은 그의 수필을 읽는 순간 그가 지금껏 어떤 행로를 거치며 세상을 살아 왔는지 금방 눈치 챌 것이다.

사람이란 원래 측은지심의 본성을 지닌 존재이다. 그래서 타인의 기쁘고 자랑스러운 일보다는 슬프고 가슴 아픈 일에 훨씬 더 공감하고, 그 불행을 함께 나누려 하는 속성을 갖고 있다.

김무룡은 장애의 아픔을 지니고 있는 수필가이다. 그는 어릴 때 앓은 척추질환으로 인해 평생을 한 송이 '키 낮은 민들레'로 살아 왔다. 자연 지난 삶이 녹록지가 않았음은 불을 보듯 뻔하다. 그 겨운 삶을 그는 수필로 승화시킨 것이다. 그러기에 그에게는 삶이 곧 수필이고 수필이 곧 삶이 되었다. 그만큼 그의 수필에는 삶이 고스란히 투영되어 있고, 그의 삶에서는 수필적인 진실성이 풍겨난다. 김무룡의 수필에서 김무룡만의 분명한 색채가 느껴지는 것은 이런 연유 때문이다. 이 수필집의 표제작인 「멍」을 비롯하여 「멍에」, 「연」, 「운명」 등 일련의 작품들이 그만의 체험적 색채를 잘 드러내 주는 대표적인 수필들이라고 하겠다.

나의 가시밭 인생길은 아주 어릴 적부터 시작되었다. 네댓 살 쯤에 나타난 척추의 이상으로 제대로 걷지도 못하고 갖은 병치레로 삶을 힘들어하자 어머니는 어느 점술가를 찾아갔다. 그는 옛날부터 우리나라를 한없이 괴롭혀 온 일본에 유학까지 가서 대학 공부를 한 아버지 탓이라며 그때 쓰던 물품들은 모조리 내다 버려야만 한다고 했다. 그날 밤 아버지는 그 시절 사용했던 손때 묻은 책과 노트, 유도복과 럭비화 등 갖가지의 애장품들을 이 못난 자식의 앞날을 위해 모두 불살라버렸다. 돌아가신 지

30여 년의 세월이 지난 지금에도 그때의 일들을 생각하면 아버지에 대한 미안함과 죄스러움에 가슴이 미어진다.

… 중략 …

이십 대의 아직 젊었던 시절의 어느 날 저녁, 나는 몸을 가누지 못할 만큼 술에 취해 집에 들어왔다. 그리고는 큰방에 계시는 부모님께서 들을 만큼 큰 소리로 주정을 했다.

"이럴 거면 왜 날 낳았어요. 차라리 낳지를 말지."

아! 그때 취중에 내뱉은 그 말이 천추의 한이 되어 이토록 뼈에 사무칠 줄이야…….

-「멍」 중에서

등이 굽어 키가 작은 나는 맨 뒤편의 빈 책상 위에 걸터앉아 목을 빼고서 앞사람들의 목과 어깨 사이로 겨우 무대를 볼 수 있었다.

… 중략 …

그럭저럭 모든 순서가 끝나고 시상식 때였다. 단상 위에 빛나던 트로피들을 우수, 최우수상에 호명되는 아이들이 거의 다 타 가는데 녀석의 이름은 불리지 않았다. 아이의 실망한 모습을 생각하니 괜히 미안한 생각이 들어 슬그머니 교실 뒷문으로 빠져나가는데, "마지막으로 대상은…" 하는 마이크 소리가 들렸다. 그러고는 이내 "아빠! 아빠!" 하며 나를 찾는 녀석의 환희에 찬 목소리가 들려왔다.

그 순간 갈등이 일었다. 불편한 몸으로 해서 남 앞에 나서기가 싫어 사람들이 많이 모인 자리는 피하거나, 참석해도 뒤편

한 모퉁이서 서성이다 남몰래 사라지는 형편이었기 때문이다. 교실 문턱 안팎에 하나씩 걸친 발을 어느 쪽으로 놓아야 할지 난처했다. 하는 수 없이 무슨 잘못을 저지르다 들킨 사람처럼 달아 오른 얼굴에 괜스레 뒤통수를 긁적이며 아이의 손에 이끌려 무대 앞으로 나아갈 수밖에 없었다.

-「멍에」 중에서

네댓 살이 되었을 즈음, 척추에 이상이 생겨 차츰 걷기에 어려움을 느끼던 나는 끝내 주저앉아 버리고 말았다. 이후 나와 내 부모의 삶은 말 그대로 끝없는 가시밭길, 그것이었다.

-「연」 중에서

어릴 적 나의 소원은 스스로 한번 걸어보는 것이었다. 네댓 살쯤, 동네 목욕탕에 데려간 엄마는 깜짝 놀라고 말았다. 꼿꼿해야 할 어린 아들의 허리뼈가 눈에 띌 만큼 굽어 있었기 때문이다. 그것은 불행한 내 운명의 서곡이었다.

-「운명」 중에서

이 몇 편의 작품 속에 그의 지나온 인생행로가 고스란히 반영되어 있다. 어릴 때 앓은 척추 질병의 후유증으로 한평생을 등이 굽은 채 살아야 하는 아픔과 그로 인해 감내하지 않으면 아니 되었던 지난(至難)한 세월을 생생히 보여준다. 장애인을 바라보는 세상의 편견 앞에서 그는 속울음을 삼킨 적이 한두 번이 아니었다. 그러기에 굽은 허리로 험한 세상을 헤쳐갈 수밖에 없었던 그의 삶이 고단한 가시밭길이었음은 묻지 않아도 그림이다.

하지만 그는 결코 쓰러지지 않았다. 그를 넘어뜨리려는 세상의 어떠한 차별과 멸시 앞에서도 그는 한 포기 민들레처럼 꿋꿋이 자신의 내면을 담금질하였고, 세상의 냉대가 강해지면 강해질수록 더욱 곱고 순정한 빛깔의 꽃을 피워 내었다. 그가 꽃을 피워 내기까지의 과정이 담긴 수필 작품들을 읽고 있노라면, 독자들은 가슴을 적시는 진한 울림을 체감할 수 있을 것이다.

반가운 마음에 냉큼 그 식당 문을 밀고 들어섰다. 그런데 안주인인 듯한 여자가 빤히 쳐다보며 "와요? 와 카는데예? 장사도 안 돼 죽겠는데……." 하는 것이 아닌가. 사뭇 신경질적이고 가시 돋친 말투였다.

… 중략 …

뜻밖의 봉변에 자존심이 상한 나는 되돌아 나가고 싶었다. 그러나 그럴 처지도 못되었다. 이미 식당 안에 발을 들여 놓은 터였고, 식사 중이던 서너 명의 시선이 이쪽으로 쏠리고 있었기 때문이다. 하는 수 없이 무안을 당한 붉어진 얼굴로 "국밥 됩니까?" 하고 물을 수밖에 없었다. 그제야 그 여자는 활짝 얼굴을 펴면서 “난 또 누구시라고예. 어서 오이소. 이쪽으로 안주이소.” 하며 반색을 했다.

-「멍에」 중에서

이러한 상황에서 그는 오래전에 본 영화의 한 장면을 떠올린다. 영화 속의 주인공 ‘빅’의 운명이 자신의 처지와 똑같이 여겨졌기 때문이다. 빅의 행동이 자신의 입장과 오버랩 되면서 순간적으로 이 난처한 상황을 어떻게 해결해야 할 것인가의 답을 찾아내게 된다.

음식을 받아들자 문득 아주 오래된 흑백영화 ‘자이언트’의 한 장면이 떠올랐다. 텍사스의 거부(巨富)로 통하는 주인공 ‘빅’이 운명적으로 얻게 된 어린 혼혈 손자와 더불어 온 가족이 함께 한 식당에 들렸을 때였다. 그때 식당 주인은 백인 이외의 손님은 받을 수 없다며 단호히 거절한다. 가족들이 보는 앞에서 심한 굴욕을 당한 빅은 정정당당한 결투를 벌인다.

빅의 주먹이 때때로 통쾌하게 작열하기도 했지만, 시간이 흐를수록 무수한 주먹세례와 발길질을 당한 빅은 결국 바닥에 쭉 뻗고 만다. 의기양양해진 주인은 손의 먼지를 툭툭 털면서 식당에 걸려있던 팻말 하나를 떼어 축 늘어진 빅에게 던진다. 거기에는 “주인도 손님을 거절할 수 있는 권리가 있다.”라고 적혀 있었다. 집으로 돌아온 가족들은 만신창이가 된 빅의 상처를 어루

만지며 그날의 무용담으로 행복한 웃음꽃을 피운다. 그들은 그 결투에서 불의와 맞서는 한 가장(家長)의 진정한 용기를 보았기 때문이다.

-「멍에」 중에서

장애의 아픔을 가지고 있는 이들 가운데는 스스로 세상과 담을 쌓고 살아가는 사람들이 의외로 많은 것 같다. 그는 이것을 은연중에 생긴 열등감과 피해의식 때문이라고 여기고 있다. 그리고 그것을 '가시'로 상징화시킨다. 그러면서 가슴속에서 스스로 그 가시를 뽑아 버리는 날 세상과 완전한 화해에 이를 것이라고, 그리고 가시를 뽑은 자리에 용서와 사랑의 묘목을 심겠노라고 다짐한다.

그는 오래전 어느 해 봄날, 대학 입학 신입생환영회에 참가한다. 거기서 병신춤의 대가였던 공옥진의 춤을 보게 되고 심한 모멸감을 느낀다.

아! 그러나 첫 시야에 들어온 그 광경은 너무도 나를 비참하게 만들었다. 차라리 보지 않았으면 좋았을 것을…….

그때 문득 한 여성이 떠올랐다. 당시 세간에 유행했던 일명 병신춤의 대가로 불리며 인간문화재로까지 숭앙받던 인물이다.

그러나 그녀는 나에게 있어서만큼은 철저한 미움의 대상일 뿐이었다.

성한 사람이 관객의 흥을 돋우려고 일부러 여러 유형의 장애인 흉내를 내는 춤을 춘다는 사실 자체가 나의 비위를 극도로 거슬렀기 때문이다. 그것은 어쩌면 나의 열등감 내지는 수치심 혹은 모멸감 같은 것인지는 모를 일이다. 그녀의 그런 행위로 인해 수많은 당사자와 그 부모 형제들이 받아야 했을 마음의 상처를 생각하면 도저히 용서할 수 없었던 것이다.

-「가시 죽다」 중에서

세월이 흐르는 동안 세상과 무수히 부딪히면서 그것이 자신의 열등감과 피해의식의 발로에서 결과된 것이었음을 깨닫는다. 그러면서 가슴속 깊이 품어 온 '가시'를 뽑아버리기로 작정한다. 이것은 그의 인생에서 큰 의미를 갖는다. 이제껏 지녀 온 삶의 줄기를 부정적인 것에서 긍정적인 것으로 바꾸는 물꼬가 되었기 때문이다.

사십 대 초반, 서울살이 시절의 일이다. 퇴근하여 거주하는 아파트 단지에 막 들어서 정갈히 손질된 잔디에 보폭 간격으로 놓인 보도블록 위를 걷고 있었다. 그때 중학생쯤으로 보이는 한 학생이 내 뒤편에서 그 블록을 따라 삼단뛰기 하듯 껑충껑충 뛰어오고 있었다. 어쩌면 나와 충돌할 수도 있겠다는 생각이 드는 찰나 여지없이 나와 부딪치고 말았다.

순간 나는 거의 반사적으로 학생의 빰을 후려쳤다. 아마도 무시당했다는 생각이 들었던 것 같다. 학생은 자신의 잘못을 크게 뉘우치듯 연방 고개를 숙이며 "죄송합니다. 미안합니다."를 연발했다. 자신의 불찰로 부딪치고만 대상을 그때야 쳐다보니 몸이 성치 못한 사람임을 알고는 더욱 미안한 마음이 들었을지도 모른다. 하지만 나는 추호도 용서할 수 없다는 마음으로 씩씩거리고 있었다. 돌발적이고 즉각적인 나의 응징에 그 아이가 받았을 마음의 상처를 생각하니 수십 년이 지난 지금에도 가슴이 쓰려온다.

-「가시 죽다」 중에서

이 사건은 늘 두고두고 따라다니며 그를 괴롭힌다. 훗날 세상 모든 일에 가시를 품고 대해 온 자신의 삶이 얼마나 옹졸하고 어리석었던가를 깨우치고 깊이 참회한다. 그를 통해 새로운 인생으로 거듭나는 것이다.

그것은 어쩌면 열등감과 피해의식을 자양분으로 성장한 내 몸 속 가시의, 본능에 충실한 방어기전이 아니었을까 하는 생각이 들기도 한다. 해서 나는 나의 가시에 대한 가없는 연민의 정을 느낀다.

이제는 진실로 가시와 작별을 고할 시간이 되었음을 감지한다. 이제야말로 내 마음속 '미움의 틀'에 갇혀 신음하던 나 자신을 놓아주어야 할 때가 된 것 같다. 그리고 가시를 뽑은 자리에는 '용서'와 '사랑'이라는 어린 묘목을 심어야 할 터이다.

-「가시 죽다」 중에서

그리하여 오래도록 괴롭혀 온 죄책감으로부터 마침내 놓여나게 된다. 그렇다. 이는 용서와 사랑만이 남도 살리고 자신도 살릴 수 있음을 보여주는 감동적인 이야기가 아닐 수 없다.

도종환 시인이 흔들리지 않고 피는 꽃이 없다고 노래했듯이, 그의 삶은 지금껏 흔들리며 피어난 아픔의 꽃이었다고 하겠다.

사람은 더러 앓아누워야 천국행 공부를 한다고 한 구상 시인의 말씀이 딱 어울리는 수필가가 김무룡이다. 그는 지금껏 자주 앓으면서 인생이 성숙하고 작품의 깊이가 깊어져 온 작가라고 하겠다. 그래서 그의 작품에서는 진주조개처럼 영롱한 빛이 뿜어져 나오고 오래 숙성시킨 포도주 같은 인내의 향기가 풍겨난다.

머리말에서 프리다 칼로의 생애를 언급한 것도 자신의 삶과의 합치를 염두에 두고 쓴 표현임이 분명해 보인다. 프리다 칼로는 교통사고의 후유증으로 엄청난 고통에 시달리면서도 예술을 향한 불꽃 같은 삶을 살다 간 멕시코의 전설적인 화가이다. 그녀의 삶을 이야기함으로써 자신의 생과의 동일시를 암시하고 싶어 하지 않았는가 여겨진다.

> 그녀의 삶의 궤적을 좇다 보니 문득 나의 뒷모습이 되돌아봐진다. 어영부영 흘려버린 이순의 세월이 버려진 휴지조각처럼 아무렇게나 너부러져 있다. 이제라도 가슴의 온기가 느껴지고 사람 냄새가 묻어나는 글 한 편이라도 남겨야 한다는 존재로서의 의무감 같은 것이 강하게 마음에 와 닿는다.
>
> -「운명」 중에서

세상과 악수를 나누며 완전한 화해에 이르기까지 얼마나 많은 갈등과 고뇌, 번민의 시간을 보내었는가를 충분히 짐작하고도 남는다. 그리고 이를 통해 우리의 부끄러운 지난날들을 돌아보게 된다. 그러면서 앞으로 비장애인들이 장애의 아픔을 지닌 채 살아가는 이들에게 어떻게 대해야 할 것인가를 분명히 일러주고 있다.

3. 애틋한 정감과 생에 대한 물음 그리고 대자적 고뇌

세상에 수필가는 많지만 진정한 수필가는 드물다. 그러다 보니 수필은 많지만 정작 수필다운 수필은 찾기가 어렵다.

수필집이 너무 재미가 없다는 소리를 흔히 듣게 된다. 그것은 형식상은 물론이고 내용 면에서도 지나치게 단조롭기 때문이다. 유능한 작가라는 소리를 들으려면 여러 가지 형식과 여러 가지 내용을 작품 속에 담을 수 있어야 한다. 요즘 세상에 나오는 대부분의 수필집들이 이런 다양성을 갖추지 못하고 있는 것이 문제라고 하겠다. 때문에 독자들의 입장에서는 한두 편 읽고 나면 금세 지루함을 느낄 것은 자명한 일이다. 한 사람이 썼으되 여러 사람이 쓴 것 같은 느낌을 줄 때 성공한 작품집이 될 것이다. 유능한 작가로 평가받기 위해서는 서정적인 수필도 쓸 수 있어야 하고 서사적인 수필도 쓸 수 있어야 한다. 또한 해학적 수필, 풍자적 수필, 철학적 수필도 필요하고, 때로는 사회적 수필에도 눈을 돌려야 할 것이다. 좋은 수필가는 천의 사고영역을 넘나들 줄 아는 작가이다. 그리고 그것을 여러 형식으로 표현할 줄 아는 작가이다.

김무룡 수필가가 바로 그런 작가라고 하겠다. 앞서 김무룡의 수필을 '아픔의 꽃'이라고 이야기했지만, 그의 수필이 그런 주제의식 하나로만 일관된 것은 결코 아니다. 그의 수필은 정서적인가 하면 지적이고, 철학적인가 하면 사회적이다. 그래서 그의 수필에는 애틋한 정감도 느껴지고, 생에 대한 진지한 물음도 담겨 있으며, 동시에 그의 수필에서는 대자적인 고뇌도 읽히는 것이다.

3-1 애틋한 정감

시쳇말로 아픈 만큼 성숙한다는 말이 있다. 수필가 김무룡은 생의 아픔을 누구보다 절실히 겪었기에 그만큼 가슴이 푼푼해진 것 같다. 그의 수필에서 애틋한 정감이 느껴지는 작품들을 다수 발견할 수 있는 것은 이런 연유에서가 아닌가 한다.

먼저 「사모곡」과 「길」에서는 장애를 지닌 자식을 향해 자신을 아낌없이 내어주었던 어머니의 헌신적인 사랑에 대한 절절한 그리움이 가슴 뭉클하게 그려져 있다.

> 엄마는 생시에 어지럽다는 말을 종종 했었다. 그러면서 "비계 많은 돼지고기 몇 점만 먹으면 금방 나아질 텐데……." 하셨다. 그 기억이 어제 일 같다. 지금 와서 생각해 보니 잘 먹질 못해 생긴 빈혈증이 아니었나 싶다. 아마도 올망졸망한 연년생 일곱

자식의 배를 채워주느라 정작 본인은 굶기가 다반사였던 탓일 게다.

요즈음 청도 장날 때면 장터에 들러 돼지국밥 한 그릇을 시킨다. 그때마다 엄마 생각에 가슴이 저려 쉬 먹질 못한다.

-「사모곡」 중에서

나는 네댓 살쯤 허리에 이상이 생긴 후, 근 열 살이 다 되도록 걷지를 못했다. 몇 발짝 떨어져 앉아서 땀을 식히던 엄마가 "용아, 엄마한테 걸어와 봐! 일어나 걸어와 봐! 어서 집에 가야지!" 했다. 어린 마음에도 슬픔이 와락 몰려왔다. "엄마 미안해요! 정말 미안해요!…." 하며 나는 나의 무능이 서러워 울었다. 그러자 엄마는 얼른 눈물을 감추며 "아니다, 내가 잘못했다. 네가 무슨 죄가 있나, 다 내 죄지!" 하셨다. 한여름에 엄마 등에 요대기를 두르고 업힌 나는 너무도 미안했다. 엄마는 말했다 "침구사도, 점쟁이도, 의사도 모두 네가 앞으로 영영 걸을 수 없을지도 모른다고 하지만, 그 말을 그대로 믿을 것은 못된다. 너는 반드시 걸을 수 있다. 그때가 언제가 될는지는 모르지만…." 엄마의 그 말은 내 인생에 있어서 신앙과도 같은 믿음이 되었고, 내일에 대한 희망을 끝까지 놓지 않게 했다.

-「길」 중에서

한편 「감자 꽃」에서는 그 대상이 할머니로 바뀐다. 그러나 할머니 역시 외손자를 사랑하는 마음은 어머니 못잖았고, 그래서 외할머니를 그리는 심정도 어머니에 대한 그리움만큼이나 진하게 나타나고 있다.

그러던 어느 날이었다. 외할머니가 사람들이 뜸한 틈을 타서 방으로 부르시더니 감춰 놓았던 당신 몫의 감자를 몇 알 내놓으시며 아무도 안 볼 때 얼른 먹으라고 하셨다. 그때 외할머니가 진실로 엄마만큼이나 나를 위해 주신다는 사실을 깨달았다. 아무래도 척추의 장애로 인해 늘 생의 경쟁에서 뒤처질 수밖에 없는 병약한 외손자가 마음에 걸렸던 것이 아닐까 싶다.

… 중략 …

시나브로 감자 꽃이 피었다. 난생처음 보는 감자 꽃이다. 하얀 바탕에 옅은 보랏빛이 감도는 단아한 다섯 장의 꽃잎은 별 모양을 하고 있다. 그 앞에 쭈그리고 앉아 긴 눈 맞춤을 하는 사이, 초점 흐려진 눈동자엔 저 하늘의 별이 된 외할머니의 고운 모습이 오버랩 되어 흐르고 있었다.

그런가 하면 「멍」에서는 아버지의 지극한 사랑에 대한 그리움이 어머니와 할머니에 대한 그것과 똑같은 강도(强度)로 표현되어 있다.

네댓 살쯤에 나타난 척추의 이상으로 제대로 걷지도 못하고 갖은 병치레로 삶을 힘들어하자 어머니는 어느 점술가를 찾아갔다. 그는 옛날부터 우리나라를 한없이 괴롭혀 온 일본에 유학까지 가서 대학 공부를 한 아버지 탓이라며 그때 쓰던 물품들은 모조리 내다 버려야만 한다고 했다. 그날 밤 아버지는 그 시절 사용했던 손때 묻은 책과 노트, 유도복과 럭비화 등 갖가지의 애장품들을 이 못난 자식의 앞날을 위해 모두 불살라버렸다. 돌아가신 지 30여 년의 세월이 지난 지금에도 그때의 일들을 생각하면 아버지에 대한 미안함과 죄스러움에 가슴이 미어진다.

자식을 얼마나 아꼈으면 점술가가 하는 말을 듣고 자신의 애장품들을 모조리 불태울 수 있을까. 그만큼 화자를 향한 아버지의 사랑도 절대적이었음을 충분히 헤아려 볼 수 있는 대목이다. 그 헌신적이었던 사랑에 대해 보답할 수 없는 안타까움으로 화자는 깊은 회한을 토해내고 있다.

3-2 생에 대한 물음

김무룡의 수필에는 가족사적인 이야기만 있는 것이 아니다. 생에 대한 진지한 물음을 던지는 작품들도 다수 발견된다.

기실 불투명한 것은 사물 자체가 아니었다. 조절기능이 떨어진 내 눈이 그렇게 보고 있었던 것이다. 하여 안구에 유리조각을 덧대어 시각을 보정한 후 물체를 바라보아야만 했던 것뿐이다. 그날의 안경 부재로 인한 작은 소란은 한계와 모순 덩이인 이 몸뚱이의 실상을 되돌아보게 하는 계기가 되었던 것이다.

세월의 풍화작용 탓인지 요즘 들어 내 몸 예서제서 소리 없는 침식이 진행되고 있음이 감지되고 있다. 점점 마음으로 보아야 할 것들, 가슴으로 읽어야 할 것들이 하나 둘 늘어나고 있음을 느낀다.

무연한 시선에 인생의 늦가을 자락을 걷고 있는 초로의 한 사내가 잡힌다. 앵글에 들어온 그 사내는 왠지 외로워 보인다.

-「세월의 흔적」 중에서

'나'라는 존재의 연유에 생각이 머문다. 먼저 아버지와 어머니의 만남이 있었을 터이다. 그 위에는 아버지를 낳으신 할아버지와 할머니 그리고 어머니를 낳으신 외할아버지와 외할머니 등등 해서 20대 조상까지 거슬러 올라가면 약 이백여 만 명의 선조와 연결되어 있다. 그렇게 30대까지만 환산해 보아도 무려 이십일 억여 명의 조상들과 연관되어 있음을 알게 된다. 만약 이 헬 수 없이 많은 선조 중 단 한 사람이라도 빠졌더라면 지금의 내가 존재하지 않았을 것은 자명한 일이 아닌가. 그러니 어찌 이 세상이라는 거대한 인연의 바다에 떨어진 참으로 불가사의한 존재, 기적 같은 존재라고 자각하지 않을 수 있겠는가.

-「인연」 중에서

퇴원하던 그날, 앞섰던 차에는 아름다운 소녀 율리아나의 주검이 실려 있었다. 빗속에서 부르는 몇몇 신자들의 구슬픈 위령

성가를 들으며 그 영구차는 화장터로 가는 오른쪽 길로, 나는 입원 중에 아내가 서울에서 이사해 온 낯선 내 시골집이 있는 왼쪽 길로 접어들었다. 한 성직자 묘지 입구에 적혀 있다는 잠언을 떠올리면서.

'오늘은 내 차례, 내일은 네 차례.'

-「갈림길」 중에서

여기서 살펴본 몇 편의 작품은 인생이 무엇인지에 대한 작가 나름의 고뇌와 성찰을 담고 있는 수필들이다.「세월의 흔적」에서는 세월 앞에서 무너져 갈 수밖에 없는 존재자의 나약함을 그리고 있고,「인연」에서는 화자 자신이 존재하기까지 무수한 인연의 고리가 얽히고설켜 있었음을 말함으로써 생명 탄생의 비밀과 인연의 오묘한 이법에 대해 이야기하고 있다. 그런가 하면「갈림길」에서는 생과 사가 종이 한 장 차이에 불과하며, 그것은 우리가 일상에서 늘 만나게 되는 갈림길과 같은 것이라는 깨달음을 보여주고 있다.

3-3 대자적 고뇌

국문학자 조동일은 수필을 '교술 장르'에 포함시켰다. 교술(敎述)이란 '작품 밖에 실제로 존재하는 사물과 사건에 대해 교훈적으로 펼쳐서 삶의 의미를 붙들어 내는 장르'라고 하겠다. 즉 사실로서의 세계를 바탕으로 작가의 눈을 통해 문학적인 형상화에 이르는 장르이다.

무릇 수필이 제대로 대접을 받기 위해서는 단순히 자기 고백에만 머물러서는 아니 될 것이다. 수필이 세상의 문제에 눈을 감으면 그저 음풍농월에 지나지 못한다. 이것이 수필의 위상을 떨어뜨리고 독자들로부터 외면 받는 하나의 이유가 된다. 수필이 제대로 대접을 받기 위해서는 세계로 눈을 돌려 세상의 부조리에 대해 함께 고민하며 그 해결 방안을 찾아야 할 것이다. 이것이 수필 장르의 중요한 몫의 하나이다.

김무룡의 수필에서는 대자적 고뇌가 담긴 작품들도 여러 편 찾아볼 수 있다. 그는 세상을 외면하지 않는다. 세상 속으로 깊이 파고 들어가 세상의 문제와 온몸으로 부대끼며 바람직한 방향을 제시하려 애쓴다. 그것은 세상에 대한 비난이나 질책이 아니라 세상에 대한 관심과 사랑의 한 방식이다. 그의 대자적 자세가 드러나 있는 작품들로는 「밥값」, 「끌 수 없는 촛불」, 「꽃반지」 등을 들 수 있겠다.

「밥값」에서는 요사이 들어 문제가 되고 있는 문학상 수여를 둘러싼 문단의 일그러진 행태를 꼬집고 있고, 「끌 수 없는 촛불」에서는 부조리한 세태로 인해 어린 생명들이 채 피어도 보지 못하고 저세상으로 떠나가야만 했던 시랜드 화재 사고의 문제점을 파헤치고 있으며, 「꽃반지」에서는 비참한 생활을 하고 있는 북한 어린이들의 이야기를 통해 사상과 이념의 부조리 성을 고발하고 있다.

4. 닫으며

지금까지 수필가 김무룡의 작품세계에 대해 주마간산 격으로 살펴보았다. 김무룡의 수필을 한마디로 압축해 표현한다면 '민들레꽃 향기 품고 피어난 정화(精華)'라고 할 수 있겠다. 척박한 삶터에서 민들레처럼 꿋꿋이 생존하며, 겉으로 화려하지는 않지만 내면에서 은은한 향기가 뿜어져 나오는 수필의 정화로 독자들의 많은 사랑을 받으리라고 확신한다.

김무룡 수필집 『멍』이 세상에 나오게 된 것에 대해 뜨거운 마음으로 축하를 보낸다. 특히나 이 작품집은 장애인문학창작기금을 수혜하여 빛을 보게 되었으니 그 의미가 더욱 각별하다고 하겠다.

이번 수필집 출간을 계기로 그의 작품 세계가 더욱 넓어지고 한층 깊어져서 우리 수필 문단에서 우뚝 서는 작가가 되기를 소망한다. 필자는 이 소망이 반드시 이루어지리라는 것을 굳게 믿는다.